LA CIUDAD DE MÉXICO EN EL SIGLO XVII

LECTURAS 95 MEXICANAS

a

LIN DURÁN,

en homenaje a su clara, fiel,

ejemplar amistad.

FRANCISCO DE LA MAZA

La ciudad de México en el siglo XVII

Secretaría de Educación Pública
CULTURA SEP

Primera edición (Presencia de México), 1968
Primera edición en Lecturas Mexicanas, 1985

Av. de la Universidad, 975; 03100 México, D. F.

ISBN 968-16-1959-5

Impreso en México

Los artesones de oro

La ciudad de México fue fundada por los aztecas, en 1325, y luego reedificada, en 1521, por los españoles. Hizo la traza el alarife Alonso García Bravo siguiendo la urbanística reticular renacentista, en parte por su experiencia y en parte por la ciudad azteca, que era rectilínea. El plano circunscribió una pequeña ciudad con manzanas más largas de oriente a poniente —el camino del sol— y más cortas de norte a sur, plano que aún se conserva en lo fundamental.

Pero si la traza resultó moderna, el alzado fue antiguo, porque las primeras casas fueron poco menos que pequeños castillos feudales con torres, almenas y fosos. Así duró la ciudad hasta principios del siglo XVII, en el que fue cambiando su rudo aspecto por el más amable de casas renacentistas, platerescas o mudéjares y templos con bóvedas y cúpulas.

El siglo XVII mexicano se abre a la historia con un hermoso poema, la *Grandeza mexicana*, de Bernardo de Balbuena, que es, precisamente, una descripción de la ciudad, exagerada en la libre fantasía de su autor, pero histórica en el fondo. Balbuena vivió la transformación de la ciudad de los conquistadores en la de los colonos y canta:

Toda ella en llamas de belleza se arde,
y se va, como fénix, renovando,

que es ver, sobre las nubes, ir volando
con bellos lazos, las techumbres de oro
de ricos templos que se van labrando.

Los dorados techos le llaman tanto la admiración que vuelve al tema:

Si en corvas cimbrias artesones de oro
por las soberbias arquitrabes vuelan
con ricos lazos de inmortal tesoro.

Y, en efecto, como veremos después por datos históricos más seguros, los interiores de las iglesias eran enlumbrantes decoraciones de "artesones de oro."

Otro poeta, Arias de Villalobos, engarzaba también un poema por esas fechas, "El Mercurio", en el cual coincide con Balbuena:

Ya no se ensalzarán los efesinos
con el gran templo que abrasó Erostrato,
cuando los templos bellos y divinos
a mirar lleguen de esta corte un rato,
los artesones ricos, peregrinos,
donde el oro macizo es más barato
que el mazón y artificio, que en la cumbre
labró un ensamblador, por la techumbre.

Veamos cómo la serenidad de los cronistas corresponde con la euforia de los poetas. Fray Hernando de Ojea describe así los artesonados de Santo Domingo:

> El cimborrio del cuerpo de la iglesia parece un cielo estrellado; es de madera de cedro, de caballete, armadura o tixera, que llaman los arquitectos, y el cóncavo es de cazoletas doradas y azules y de otros varios colores de diferentes maneras, a tercios, unos más ricos que otros y, para su firmeza, se traba de una parte a otra con nueve tirantes dobles, labrados curiosamente de lazos y estrellas doradas y pintadas... el cimborrio es más alto, ochavado, cuyas traviesas de los ángulos cargan sobre cuatro veneras doradas y pintadas de azul y blanco y la media naranja es de lazos más curiosos...

Respecto de La Profesa, la iglesia mayor de los jesuitas, dice Pérez de Rivas:

> La nave de su medio es de cedro, de artesones muy vistosos y dentro de ellos y de su fondo, sus lazos de oro y jaspeado... quedó hermosísima y alegra la vista de los que mueven los ojos a ella; el crucero está cubierto de armadura y obra ochavada, de lazos galanos, brillantes, de oro, con el presbiterio, que también está labrado de obra muy prima y con artesones dorados, de suerte que todo el techo de este templo está resplandeciente con sus rayos.

El Carmen tenía:

> unos bien trazados artesones, fabricados de fuertes vigas de cedro, de doce varas, con su figura de

> tixera, todo lo cual se cubre por lo exterior de fornidas planchas de plomo. La sacristía, incluso, es de un artesón dorado toda, de varios colores distintos a trechos, con hermosas historias de oro...

Y aun el "Generalito" o Salón de Actos de la Universidad ostentaba su alfarje dorado:

> La techumbre —dice Sigüenza y Góngora— se forma de un agraciado tresavo, de 74 vigas, molduradas de talón y media caña, con canes y sobrecanes cortados y perfilados garbosamente, las cuales, con el almizate inferior y alfardas, forman el tresavo...

La capilla de San José, en el atrio de San Francisco "era hermosa por lo curioso, que a la vista [el techo] representa un cielo de lazos de diversos colores, con perfiles de oro y ángeles a trechos...", como describe Vetancurt, y en 1612 la capilla del Colegio de Niñas engrosaba sus muros para poner "techo de viguería labrada con artesón." Y así eran todas las iglesias, salvo algunas que destacaremos después. Pero ¡queda un alfarje aún! Es el de la sacristía —hoy dirección— del Hospital de Jesús, labrado a base de octágonos rehundidos y moldurados, con una flor dorada en el fondo y, en los rombos que sirven de unión a los octágonos, lleva cruces de Malta en azul y blanco.

Bóvedas, cúpulas, tezontle

Pronto, sin embargo, comenzó la reacción contra los artesonados. En 1601, precisamente, se encomendó al arquitecto Alonso Pérez de Castañeda la construcción de la iglesia del citado Hospital de Jesús. El arquitecto no quiso seguir la costumbre general y dibujó la primera bóveda esférica, sobre pechinas, de la ciudad de México. Fue labor tan enjundiosa que se quedó a medias, pues no se terminó hasta 1665. El ejemplo cundió. El jesuita Juan López de Arbaiza, que desde 1598 había construido bóvedas en Puebla, construyó la magna iglesia de San Pedro y San Pablo en 1603 —hoy Hemeroteca Nacional— con bóvedas vaídas, y luego en Santiago Tlatelolco, en 1609, se vuelve a las pechinas, así como en 1623 en San Jerónimo. El paso hacia la cúpula estaba dado.

La cúpula, es decir, la alta bóveda de media naranja, sobre pechinas, con ventanas abiertas en la media naranja y remate de linternilla, nació al parecer en Puebla, en Santa Teresa, 1625, obra del arquitecto Francisco de Aguilar. Es aún cúpula sin tambor. En la ciudad de México la primera está en La Concepción, de 1645. Cierto es que ya estaba pensada y dibujada la de la Catedral, pero se construiría hasta 1665. La primera cúpula con tambor se halla también en Puebla, 1645, en la

Catedral. En México parece que es la de San José de Gracia, de 1655.

El tezontle —palabra náhuatl— es piedra típica de la ciudad de México. El cronista carmelitano fray Antonio Vázquez de Espinosa es el primero que habla de ella:

> La gran ciudad de México. . . tendrá de circunferencia más de dos leguas. . . todas sus casas son de muy buena fábrica, labradas *de una piedra finísima, colorada, y peregrina en el mundo,* la cual es dócil de labrar y tan liviana que una losa grande o pequeña flota en el agua sin hundirse, como vide cuando estuve en aquella ciudad (en 1612). . .

Y un poeta, Solís Aguirre, diría del tezontle:

> *Da la materia a tanta arquitectura*
> *una piedra que en sangre está bañada. . .*

El tezontle se usó de dos modos: roto, para mamposteo, o labrado en sillares, para cubrir fachadas. En el primer caso siempre fue encalado y pintado; en el segundo, visible. Las portadas, ventanas o balcones fueron siempre de cantera blanca, llamada "chiluca". Fue, entonces, México, una ciudad en rojo y blanco, bicromía preciosa y rara que empezó a perderse con el neoclásico al usar sólo la cantera.

El cerro de Santa Marta, de donde se extraía y se extrae el tezontle, era en el siglo XVII propiedad de sus reverencias los padres mercedarios.

La ciudad y sus habitantes

Sabemos bastante bien cómo era la ciudad en el siglo XVII gracias a dos excelentes documentos gráficos, uno de principios del siglo y otro de sus finales. El primero es un plano realzado, de 1629, hecho por el arquitecto Juan Gómez de Trasmonte. Existe su original en Florencia y a ningún gobierno se le ha ocurrido comprarlo, por supuesto. El segundo es un panorama, al óleo, del pintor Diego Correa, de 1695, y fue un biombo de los condes de Moctezuma. Por fortuna, éste sí se compró y existe en el Museo del Castillo de Chapultepec.[1] En el plano de 1629 es aún la ciudad con iglesias de techos a dos aguas y casas bajas; en el segundo ya señorean algunas cúpulas y las casas son de dos pisos.

Dos breves descripciones nos ayudarán a conocer esta ciudad del siglo XVII. Una es del cronista Torquemada:

> Las calles de la ciudad son muy hermosas y anchas... es en edificios de las mejores y más aventajadas del universo, con todas las casas de cal y canto, grandes, altas, con muchas ventanas rasgadas, balcones y rejas de hierro con grandes primores... las calles no tienen vueltas y revueltas, como la mayor parte de las ciudades de España...

[1] Hay otra copia de este plano, más clara y limpia, también al óleo, en Florencia, en poder del marqués de Ginori.

Vetancurt, en 1695, es más explícito:

> La planta es cuadrada, con tal orden y concierto, que todas las calles quedaron parejas, anchas de a catorce varas, y tan iguales, que por cualquiera se ven los confines de ella; quedó de acequias en cuadro cercada, con otras tres que atraviesan de oriente a poniente la ciudad, para la comunicación del bastimento que entra por canoas; los barrios y arrabales de ella quedaron para la vivienda de los indios, con callejones angostos y huertecillos de camellones con acequias, como los tenían en su gentilidad, donde siembran flores y plantan sus arboledas... Los edificios tienen altos y bajos, con vistosos balcones y ventanas rasgadas de rejas de hierro labradas con primor... por las calles donde hay acequias tienen puentes de calicanto fuertes, para pasar del ancho de las calles siendo éstas las más, empedradas, y con ser que todo el año no cesan los empedradores de aderezarlas, es tanto el concurso de las carrozas, que no acaban de componerlas... tiene tres plazas, donde no cesa el contrato, así de las casas del comercio de ropas, como de bastimentos y de comidas: la principal y mayor (el actual "Zócalo") al poniente del Palacio; la del Volador, que es de las Escuelas (o sea la Universidad, hoy rellenada con el horrendo Palacio de Justicia) y la del Marqués (hoy calle del Monte de Piedad)... los montes dan su leña y maderas; las sierras piedras diferentes; de Santa Marta la piedra liviana, como piedra pómez (el tezontle); la de los Remedios de cantería; la de Tziluca piedra dura para casas y la blanda para cornisas y capiteles y la de Calpulalpan piedras de jaspe blanco y de alabastro...
>
> Hay mesones y hospitales (hospederías) para ca-

> balleros y plebeyos; bodegones donde comen; garitas en las plazas, donde hay quien bata chocolate y cocineras que venden sus guisados... si el año de 1607 se apreció (el valor de la ciudad) en 20 millones y el año de 1637 en 50 millones, después acá habrá crecido en valor, en que se han labrado más de veinte suntuosos templos y millares de edificios, que apenas hay calle donde no se labren o se aderecen casas...

Estas acequias o calles de agua, eran cuatro principales y varias docenas menores. Las primeras eran: la que venía del canal de la Viga de sur a norte y torcía luego de oriente a poniente a un lado de Palacio, pasaba por la Plaza, frente al Ayuntamiento, corría por la actual calle de 16 de Septiembre, se encontraba con la mole del convento franciscano y desviándose se perdía en los muladares —o huertas— de lo que hoy es Bucareli; la que corría por la actual calle de San Juan de Letrán; la que formaba la actual calle del Perú, y otra, también de oriente a poniente, que pasaba por detrás de la Merced y proseguía entre Regina y San Jerónimo, para acabar en la que ahora es Avenida Chapultepec. Los puentes eran unos cincuenta, no todos de cal y canto, sino de madera, siempre cayéndose.

Las antiguas calzadas aztecas de entrada a la ciudad permanecían en uso, con la novedad del "aderezo" de la de Guadalupe, adornada con sus quince hermosos monumentos a los "misterios" del rosario, calculados para rezar las diez avemarías entre cada uno de ellos.

Observando los planos citados vemos que, por el norte, la ciudad terminaba en una línea trazada de El Carmen a Santa María la Redonda; por el poniente esa línea sería San Diego y San Juan de la Penitencia; por el sur, San Jerónimo y San Pablo y por el oriente San Lázaro y el mismo San Pablo; al fondo el imponente "albarradón" o dique que desde los señores aztecas detenía las lagunas de Texcoco y Chalco.

Los habitantes de esta pequeña ciudad del siglo XVII eran de lo más heterogéneo, pintoresco y aun dramático, que pueda imaginarse. Había españoles peninsulares y sus hijos criollos —además de los hijos mestizos, que no eran tantos como se cree—; algunos extranjeros; los indios, los negros y mulatos, algunos chinos y las numerosas castas. De éstas se cuentan tantas mezclas que sus nombres acabaron, finalmente, en broma. Había las castas de "salta atrás", de "allí te estás" y de "no te entiendo."

¿Cuántos habitantes de este mundo multicolor había en el siglo XVII? Los datos de los cronistas son inciertos y exagerados. Sólo hubo una estadística seria que veremos después.

Para el cronista citado, Vázquez, había "más" de 15 000 españoles; "más" de 80 000 indios y "más" de 50 000 negros y mulatos. La cifra completa, o sea de *más* de 145 000, es absolutamente falsa. Peor es aún Gage, que habla de 40 000 españoles, así fueran tanto peninsulares como criollos. Torquemada, más cauto, habla de 7 000 españoles y 8 000 indios, lo cual resulta exagerado en menos y ni siquiera se acuerda de los negros.

Un dato más seguro es el que proporcionan Fernando Cepeda y Fernando Carrillo en 1637 quienes, a propósito de la inundación de 1629 en su libro *Relación del sitio en que está fundada México. . .*, calculan 20 000 familias de españoles y unos 60 000 indios.

Para fines del siglo, Vetancurt cree que los vecinos españoles —siempre suponiendo peninsulares y criollos— eran 8 000, y asegura que las mujeres eran 20 000. Agrega luego que hay "millares de negros, mulatos, indios mestizos y otras mezclas que las calles llenan. . ."

Gemelli Carreri, el viajero italiano, en las mismas fechas, asegura que "tendrá México cerca de 100 000 habitantes, pero la mayor parte negros y mulatos." Parece un absurdo atroz que se le olviden los indios, pero es que se refiere al "centro", con sus españoles y criollos y sus esclavos o criados negros.

Hay un censo, completo y veraz, de 1689, pero

en el cual sólo se registran los españoles peninsulares laicos o, como dicen los autores de la estadística, sin sentido peyorativo, los "gachupines." Por ella sabemos que vivían 1 182, quitando 65 extranjeros, italianos y portugueses los más, y un armenio. De ellos el noventa por ciento eran mercaderes, entre los cuales estaban los "mercachifles" o vendedores ambulantes. Es impresionante saber que había 42 tratantes de cacahuate, con 28 cacahuaterías, y sólo 13 panaderías. Había 68 "cajones" o tiendas de ropa, pero con sólo 2 sastres y 3 tejedores de seda. Había 3 barberos, 4 zapateros, un golillero, 7 plateros, un librero y una tienda de anteojos.[2]

Si suponemos para cada español —la mayoría casados— tres hijos como promedio, resultarían cerca de 4 000 criollos, más los "millares" de indios, negros y castas, y eso daría una población de más de 50 000 personas, que es lo que debió tener entonces la ciudad.

Españoles y criollos formaban la aristocracia, en su sentido de clase alta, desde los dignatarios civiles y eclesiásticos a los hidalgos y burgueses. De verdaderos nobles pocos había. Además de los condes de Santiago y los marqueses de Salinas, en el siglo XVII se dieron cuatro marquesados

[2] Publicado por el excelente investigador don Ignacio Rubio Mañé en el *Boletín* del Archivo General de la Nación, Segunda Serie, tomo VII, 1966.

más —de Villa-Puente, de San Jorge, de Altamira y del Villar del Águila— y un condado, el de Lizárraga. Gage vio a los españoles muy elegantes:

> Gastan extraordinariamente en vestir —dice— y sus ropas son por lo común de seda, no sirviéndose de paño ni de camelote ni de telas semejantes. Las piedras preciosas y las perlas están allí tan en uso y tienen en eso tanta vanidad que nada hay más de sobra que ver cordones y hebillas de diamantes en los sombreros de las señoras y cintillos de perlas en los menestrales y gentes de oficio. . .

Famosas fueron las carrozas coloniales, tanto, que Felipe II cometió la insigne torpeza de prohibirlas, pues los caballos ya no servían para "la defensa de la tierra", sino para arrastrar los coches. Por lo visto, lo que deseaba en las Indias eran perpetuos campos militares. Por supuesto que no se hizo el menor caso a su taciturna Majestad y varios miles de coches rodaban por las calles en el siglo XVII, además de literas y sillas de manos.

> Los caballeros —diría después el Duque de Linares— sean mercaderes o hacenderos, hallan una nueva teología para practicar el monopolio con tan exorbitante escándalo, que ocultan frutos y géneros, aunque abunden, para lograr su anhelo en lo excesivo de los precios.

Si los ricos robaban en grande, los pobres lo hacían en pequeño, pero con innumerable cantidad de sujetos, como siempre ha acontecido en las plutocracias. "La plebe —prosigue Linares— no es daño que robe, sino la protección que se dan para aliviar el castigo. . ." Y así hubo un famoso ladrón apodado el *Prójimo* que, después de ahorcado, lo declaró "mártir" el pueblo. Fue también el duque de Linares quien definió al mexicano medio en aquella frase aún valedera, en la que decía al sucesor: "a todos agasaje, de ninguno espere y de muy pocos fíe."

Los mestizos eran casta y cuando se habla de ellos es siempre con desprecio. En los *Diarios* de Guijo y de Robles, cuando citan mestizos, es para señalar crímenes. El único caso que se dio de un arcaico y medieval cinturón de castidad, fue en un matrimonio de mestizos (Robles, I, 265). Hay que tener cautela cuando se dice, con harta ligereza, que la nación mexicana es mestiza.

Más importantes que los indios y mestizos fueron los negros en la ciudad del XVII. Casi todos eran esclavos. Los mulatos se distinguían en "prietos", o sea la mezcla de negro e india, y en "blancos", salidos de la mezcla de india y español o criollo. Parece que hubo más matrimonios —aparte de los amoríos más o menos perdurables— entre españoles y negras que entre españoles e indias. Aguirre Beltrán ha logrado hacer unas estadísiticas que ascienden para mediados del siglo XVII, a 35 000 negros y 116 500 mulatos (en todo el país) y para 1810 cuenta 10 000 negros y 625 000 mulatos.

En 1683, ante los ataques de los ingleses al Caribe, se formaron compañías de negros y no de indios o de castas. Cuenta Guijo que en 1656

> se le murió al Virrey una negra esclava y la enterraron en la iglesia de Santa Teresa, cargando el cuerpo los caballeros de la ciudad y asistió al entierro toda la nobleza y todas las órdenes religiosas y la capilla (coro) de la Catedral. Otra vez, iban a ahorcar a una negra "criolla" y fue tal el tumulto que la arrebataron a la justicia, la llevaron al convento de la Concepción y le salvaron la vida.

Nunca sucedió eso con indios o mestizos.

Hubo una mulata torera y rejoneadora, "a caballo y sentada como hombre", y al parecer hasta hubo misas negras —en su doble sentido—, pues dice Robles que

> prendieron a un clérigo y unos mulatos que tenían fundada una junta a modo de religión, hacia el convento de Regina, y decían misa y predicaban y para ello tenían ornamentos, misal, púlpito y otros instrumentos para el ministerio.

Recordaremos, por último, a Gage:

> el vestido y atavío de las negras y mulatas es tan lascivo y sus ademanes y donaires son embelesadores... las negras y las mulatas atezadas (prietas) tienen sus joyas y no hay una que salga sin su collar o pulsera de perlas y sus pendientes con alguna piedra preciosa...

"Regalos, ocasiones de contento"

Así tituló Balbuena el capítulo V de su citado poema *Grandeza mexicana* y en él se refiere a los lujos y el buen vivir de los ricos y a los paseos y distracciones —bien pocos— del pueblo. Con la libertad y aun la exageración que le da tono al poema, nos habla de

fiestas y comedias nuevas cada día,
de varios entremeses y primores
gusto, entretenimiento y alegría

pero la verdad es que las fiestas civiles eran pocas y las comedias menos. Esto nos obliga a referirnos a la historia del teatro en México en el siglo XVII, que es tan parva que se despacha en pocas líneas.

Aparte de las loas y autos sacramentales que algunas veces se representaban en los atrios de las iglesias como remembranzas del siglo XVI, había comedias en las plazas, con escenarios improvisados. El primer teatro fijo fue en una casa adaptada para eso, en la antigua calle de Jesús núm. 6, hoy República del Salvador, en el tramo entre 5 de Febrero y 20 de Noviembre. Pertenecía a Francisco de León.

En el siglo XVII había ya teatro en el Real Palacio o Sala de Comedias,

> de cuarenta varas de largo —dice Sariñana— y más de nueve de ancho; sus balcones tienen la vista a los jardines y sus paredes que, desde la solera a la cenefa están pintadas (en donde), transladó primoroso el pincel los árboles del monte, las flores del soto, las aguas del valle, los ruidos de la caza y las quietudes del desierto.

Otro teatro, público y plebeyo, fue el que estuvo en el fondo del patio del Hospital Real de Indios, en la calle de San Juan de Letrán, esquina con Victoria. Según descripción de principos del siglo XVIII,

> tenía dos andanadas de aposentos de tablones de jacolote y su cazuela (galería alta) de madera de cuartones; los dichos aposentos tenían uso por el piso que hacían los claustros, que todos (los aposentos) se componían de sus danzas de arcos, cubiertos con madera de vigas de oyamel y los antepechos eran de balaustres torneados, cubiertos los claros con celosías y el ventanaje proporcionado para las luces caía sobre las azoteas de las enfermerías. El tablado del teatro era de vara y media de alto, quince de largo y ocho de ancho, guarnecida la fachada de pilastras de madera, con sus puertas, ventanas, cornisas y corredores, todo muy guarnecido, adornado y pintado, teniendo en medio del frontis el escudo de las armas reales.[3]

Este teatro se hizo en 1638. Se incendió en 1722.

[3] Luis González Obregón. *México Viejo*, París-México, Librería Bouret, 1900, pp. 333-339.

Y que a mediados del siglo hubiera buenos actores puede probarlo el hecho de que hasta un poeta excelente, como Sandoval Zapata, le dedicara un soneto a "una cómica difunta" en el que le dice:

Tan bien fingiste amante, helada, esquiva,
que hasta la Muerte se quedó dudosa
si la representaste como muerta
o si la padeciste como viva.

Las mascaradas eran una fiesta muy gustada, que hacían los estudiantes o los vecinos de los barrios en ocasiones de fiestas religiosas o entradas de autoridades. En la canonización de San Juan de Dios (1700)

> los vecinos de la Alameda salieron curiosamente vestidos remedando varios animales y fábulas de la Antigüedad; la idea del carro fue el Monte Parnaso, el Pegaso con alas; en nueve nichos, las Musas, y arriba, en un trono, el dios Apolo... y hubo otra con representación del mundo al revés: los hombres vestidos de mujeres y las mujeres de hombres; ellos con abanicos y ellas con pistolas; el carro con un retrato de San Juan de Dios y un garzón ricamente adornado que recitaba una loa... (Robles).

Una "ocasión de contento" muy importante fue la Alameda, que en el siglo XVII era de forma cuadrada y más pequeña que en la actualidad. Es Gage quien nos da más completas noticias de ella, hacia 1625:

> Los galanes de la ciudad se van a divertir todos los días, sobre las cuatro de la tarde, unos a caballo y otros en coche, a un paseo delicioso que llaman la Alameda, donde hay muchas calles de árboles en donde no penetran los rayos del sol. Vense ordinariamente cerca de dos mil coches llenos de hidalgos, de damas y de gente acomodada de la ciudad. Los hidalgos llevan, unos, una docena de esclavos africanos y otros con un séquito menor, pero todos los llevan con libreas. Las señoras van también seguidas de sus lindas esclavas, cuyas caras, en medio de tan ricos vestidos y de sus mantillas blancas, parecen, como dice el adagio español: "moscas en leche."

A fines del siglo nos dice Vetancurt:

> Tiene una Alameda alegre y vistosa, que fundó el Virrey don Luis de Velasco II para recreación de la ciudad, con sus calles de álamos y sauces muy frondosos, con una pila de agua enmedio, cercado de acequias, con cuatro puertas grandes a los cuatro vientos. . .

Los toros, por supuesto, así como los gallos, fueron la fiesta civil máxima. Desde el siglo XVI se toreaba en un coso improvisado en la Plaza Mayor o en la del Volador y así podían asistir los virreyes desde los balcones de Palacio y aún los inquisidores y arzobispos.

Por supuesto que unas de las mayores fiestas eran las ceremonias religiosas, sobre todo las procesiones y romerías, que si no tan elegantes y vistosas como en España, eran un desahogo del pueblo, con cohetes, vendimias y copas, además de la devoción. También deben considerarse como regocijos públicos los autos de fe de la Inquisición, pues a pesar de su dramatismo, muertes y azotes, el pueblo se divertía, al ver a los penitenciados con sus pintorescas "corozas" y "sambenitos", es decir, unas como mitras o bonetes y unas camisas amarillas, pintarrajeadas de diablos, llamas, lagartos y culebras, y con su vela verde en la mano.

Las inundaciones

Por haberse fundado la ciudad de México en una isla, rodeada de lagos, estuvo siempre en peligro de inundaciones, con el problema de resolverlo, lo cual no se logró sino hasta el porfirismo.

Ocho fueron las inundaciones graves: tres antes de la Conquista, con el rey Ahuizotl y los dos Moctezumas, y cinco después de la Conquista. La primera en 1553; la segunda, de 1580; la tercera fue la de 1604; la cuarta, la de 1607, en que comenzó el desagüe el famoso Enrico Martínez, o sea el hamburgués Heinrich Martin, por medio de un largo socavón, en parte abierto y en parte cerrado y que, por haberse equivocado en la hondura de este último, volvió a inundarse en la forma más terrible de su historia en 1629. Quedó, como dijo un anónimo poeta de entonces:

cadáver de piedra hundido
en cristalino sepulcro...

En septiembre de ese año llovió tanto, que la ciudad se anegó en los barrios en tres días y poco después subió tanto el agua, incluso en el centro, que tuvieron que cerrarse las iglesias y los comercios y el tránsito se comenzó a hacer en canoas.

Un testigo presencial, el padre Alonso Franco, cronista de la orden de los dominicanos, describe:

> Las canoas sirvieron de todo y fue el remedio y medio con que se negociaba y trajinaba y así, en breves días, concurrieron a México infinidad de canoas y remeros. Las calles y plazas estaban llenas de estos barcos y ellos sirvieron de todo cuanto hay imaginable para la provisión de una tan gran república; y llegó, lo que era trabajo, a ser alivio, comodidad y recreación. Una sola canoa cargaba lo que necesitaba de muchos avieros y bestias mulares. Fue lenguaje común decir todos: *andamos ahora en carrozas,* porque pobres y ricos paseaban en la ciudad con mucho descanso y sentados en las canoas, que eran carrozas de menos costo, por lo mucho que tiene sustentar carrozas y animales que las tiren. En canoas se llevaban los cuerpos de los difuntos a las iglesias y en barcos curiosos y con mucha decencia se llevaba el Santísimo Sacramento a los enfermos. Vi el de la Catedral, muy pintado y dorado, su tapete y silla en que iba el cura sentado y haciéndole sombra otro con quitasol de seda; acompañábanle otras canoas en que iban gentes que llevaban luces y la campanilla que se acostum-

> bra iba delante para avisar a los menos atentos... las misas se celebraban en balcones y azoteas...

Pero junto a este regocijo, tan humano, el padre Alegre nos recuerda que

> se encarecieron los bastimentos con gran daño de los pobres y no se oían sino clamores pidiendo misericordia... cesaron los socorros y la frecuencia de sacramentos, el comercio de las tiendas, el trato y comunicaciones de las gentes, los oficios necesarios y los públicos de audiencias y tribunales...

Treinta mil indios murieron, entre ahogados y aplastados por los derrumbes y también de hambre. Cinco años duró la inundación, que parece inconcebible, hasta 1634 y, de 20 000 familias españolas y criollas, quedaron 400. En 1647 y 1691 volvió a inundarse, aunque con menos peligro y menores daños.

Virreyes, arzobispos, poetas, personajes

Durante el siglo XVII hubo 18 virreyes civiles y 5 virreyes-arzobispos. Fueron los primeros nueve marqueses, tres duques y cinco condes, todos de la más alta nobleza, pero muchos de la más baja mediocridad humana. Se salvan don Luis de Velasco II; don Diego Carrillo, marqués de Gélvez; don Antonio de Toledo, marqués de Mancera. Mas seamos justos y confesemos que se han escrito buenas biografías sobre los virreyes. Pasan ante nosotros estos nobles como fantasmas, entre piratas, inundaciones, pleitos y motines, y esconden su personalidad. Para lo que más han servido es para dar a conocer la indumentaria de la época.

El marqués de Gélvez fue famoso por su ruidoso pleito con el arzobispo Pérez de la Serna, que tantas veces se ha contado, en el que el arzobispo excomulgó al virrey y le amotinó al pueblo, que por poco lo mata. Aquí sólo importa recordar que la ciudad de México es la única, en el mundo, en cuya historia eclesiástica se cuentan tres "entredichos" o sea el abandono del culto público, como castigo del clero: uno con Zumárraga, en 1526; éste de Pérez de la Serna en 1624 y otro con Mora y del Río en 1926. El primero duró un día; el segundo una semana y el tercero tres años... El marqués de Mancera fue el mejor gobernante de México en el siglo XVII. Fue honesto, laborioso, inteligente y hasta con experiencia "americana", ya que había pasado su juventud en el Perú. Terminó de construir la Catedral y fue el protector de Sor Juana Inés de la Cruz cuando era una niña.

Los arzobispos fueron 14. Uno de ellos, el único en tres siglos, mexicano: don Alonso de Cuevas Dávalos. Todos, según sus biógrafos, virtuosos y ejemplares, pero no hay ningún brillo en ellos. De uno, Manso y Zúñiga, dice el biógrafo

Sosa que, como fue profesor y rector muy joven y obtuvo 4 abadías, "era agraciado en letras y virtud, pues no se concibe cómo fuera llevado a la cátedra y a las abadías quien para ello no tenía especiales merecimientos." Olvida Sosa que adolescentes de 18 años llegaban a la rectoría y a las cátedras y que las abadías eran solamente beneficios económicos. Hasta resulta en contra de Manso haber aceptado cuatro. Y cuando murió, como arzobispo de Burgos, dejó 800 000 pesos sólo en oro y perlas. . .

Del arzobispo Mañozca se elogia que en dos años confirmara 63 000 personas; pero esto quiere también decir que los prelados anteriores estuvieron un tanto flojos con ese sacramento. Nada hay de notable y sí algunas excelsas boberías en el arzobispo-virrey fray Payo Enríquez, y de don Francisco Aguiar y Seixas, obsesivo donador de limosnas, misógino hasta la exageración y enemigo de la literatura, lo único que podemos decir es que era más de manicomio que de palacio episcopal.

De poetas hubo aluvión. Y muchos de ellos buenos. Bien pudo Alfonso Méndez Plancarte hacer una selecta antología de 55, sin contar los anónimos. Es Sor Juana Inés de la Cruz la figura cimera de la poesía y la cultura de la época. Con la poesía doméstica dibujó su medio; con la lírica sus sentimientos; con la épica —llamaremos así al gran poema filosófico "El Sueño"— sus conocimientos; con su prosa, en fin, hizo la más formidable defensa de la mujer, en su *Carta* al obispo de Puebla. Con Sor Juana hay que recordar a Solís Aguirre, Matías de Bocanegra, Sandoval Zapata, Diego Ribera, Juan de Guevara, Alonso Ramírez de Vargas, Apello Corbulacho.

En los Arcos Triunfales que se erigían a las entradas de los virreyes y arzobispos, se lucían los poetas, pintores y escultores. Si bien eran de efímera arquitectura de madera, llevaban sonetos, epigramas y letrillas, y las pinutras y esculturas eran casi siempre de dioses griegos, haciendo así un paréntesis artístico con Zeus, Apolo, Venus, Las Gracias, Ganimedes o los héroes, en contraste con la repetición de temas religiosos.[4]

En el siglo XVII hubo algunos personajes raros que es sabroso recordar, como el mártir judío —murió por su fe— Tomás Tremiño de Sobremonte, quien, ya en la hoguera, gritaba al pueblo: "Echen más leña, que mi dinero me cuesta." Guillén de Lamport, sabio esquizofrénico —teólogo, escriturario, poeta, poligloto—, irlandés que deseó la independencia de México y murió en la hoguera. El famoso y simpático Martín Garatuza, ladrón, estafador,

[4] Véase F. de la Maza. *La mitología clásica en el arte colonial de México.* México, Instituto de Investigaciones Estéticas de la UNAM, 1968.

trotamundos, cantamisano sin consagrar, héroe de la mejor novela de Riva Palacio.

El Tapado, don Antonio Benavides, fue un personaje que hasta hoy es una incógnita. Llegó a Veracruz como marqués y visitador del reino; empezaron los homenajes en el camino; pero, de repente, fue preso, encapuchado, y conducido a México en donde fue ahorcado. Nadie supo jamás la verdadera causa. Sor Juana pidió al Virrey, en un romance, que salvara la vida de *el Tapado*, aunque "sus delitos veía."

Dos caballeros de la portuguesa y riquísima Orden de Cristo dieron motivo de cálidos chismes en la sociedad, a mediados del siglo: don Pedro Vélez Medrano quien, de resentimiento de no haber obtenido el puesto de Castellano de Acapulco, "se pasó al portugués" y se hizo pirata. Don Antonio de Souza que, a pesar de su alto rango, era salteador de barras de plata; cuando fue aprehendido, no se quiso ahorcarlo como a cualquiera, a pesar de que merecía la pública muerte, y se prefirió hacer correr el rumor de que había muerto de peste en la cárcel y, llevado en un ataúd, le hicieron un oculto "entierro" en Santo Domingo, a puerta cerrada. Meses después salió disfrazado para España.

Don Fernando de Valenzuela fue un hermoso hidalgo, favorito de la reina madre Mariana de Austria. Como entraba nocturnamente a Palacio, se le llamó *el Duende*, pero fue marqués de Villasierra y Grande de España. Ante el escándalo, los cortesanos lograron apartarlo de la reina y lo desterraron a Filipinas y luego a México, en 1690, donde por orden del rey Carlos II, nada menos, debía tratársele de "Excelencia". Pero aquí siguió siendo *el Duende*. Murió prosaicamente de una coz de caballo y fue enterrado en San Agustín, después de tres días que duró el desfile de toda la gente que deseaba ver su embalsamado cadáver. Dejó la herencia a sus criados chinos e hizo asegurar en vínculo "una espina de la corona de Cristo engastada en oro y diamantes."

La Monja Alférez, en fin, esa doña Catalina de Erauzo, ex novicia y luego soldado, comerciante y jugador, espadachín enamoradizo, pero devoto, que más parece personaje de novela que de historia, debió visitar con cierta frecuencia la ciudad de México, al fin de su vida, cuando llegaba con su recua procedente de Veracruz. Dicen que murió cerca de Orizaba, en 1650, y tan famosa fue que un peruano no tuvo empacho en decirle después a Sor Juana:

Vive Apolo, que será
un lego quien alabare
desde hoy a la Monja Alférez
sino a la Monja Almirante.

La Universidad y la imprenta

La Universidad cumplía medio siglo de vida a principios del siglo XVII. Los estatutos variaban, inoperantes, como ahora. Era, antes de todo, un colegio de teólogos; después, de canonistas; muy en tercer lugar de filósofos y menos aún de médicos. Las cátedras de lenguas indígenas fueron un fracaso. Los maestros y doctores lo eran, más que por méritos, por dinero, en el sentido de que era tan caro borlarse, que sólo los ricos podían hacerlo. En 1689 se doctoró un tal Agustín Franco ¡a los diez y siete años! y fue rector ¡a los diez y nueve! En 1683 decía el rector Solís que se habían graduado de bachilleres, desde la fundación de la Universidad, 11 600 jóvenes, "de edad de 12 a 14 años muchos de ellos." En cambio, el único sabio auténtico del siglo XVII, don Carlos de Sigüenza y Góngora, poeta, historiador, astrónomo, no tuvo ningún título universitario. Sin embargo, esta Universidad Real y Pontificia era el único lugar de estudios generales y de ella salían los abogados, médicos y filósofos de entonces. El teólogo, para una comunidad religiosa, era un personaje imprescindible ya que la Teología, además de ser la ciencia del conocimiento de Dios, era la relación entre el poder, la Iglesia y el pueblo; era la teoría de la unidad en el trono, el altar y los fieles.

Los maestros, doctores y bachilleres usaban traje especial, es decir, la toga si eran civiles, o si eran religiosos la muceta y el bonete borlado con los colores de la facultad. Los estudiantes usaban la "beca" o sea una banda de lana, ancha, que colgaban del cuello, también con los colores de la carrera universitaria. Las facultades eran cinco: Teología, Artes o Filosofía, Derecho Canónico o Eclesiástico, Derecho Civil y Medicina. Los textos eran Aristóteles y sus comentadores; Santo Tomás, Duns Escoto y sus exégetas; el Digesto y otras recopilaciones de leyes; Hipócrates, Galeno y Averroes.

Durante todo el siglo XVII el edificio de la Universidad fue el de fines del siglo XVI, es decir, de estilo renacentista. Hasta el siglo XVIII cambió su fachada antigua por una churrigueresca, después por una neoclásica y luego fue de una vez destruido como ofrenda a la intolerancia que Justo Sierra tenía por la Colonia.

En los colegios se estudiaban Artes, Teología y Derecho, que luego se revalidaban en la Universidad. Los principales colegios fueron el de Todos Santos, que estuvo en la esquina de Correo Mayor y Corregidora; los colegios jesuitas de San Pedro y San Pablo y el de San Ildefonso; el franciscano de San Juan de Letrán; el agustino de San Pablo; el dominico de Porta Coeli; el mercedario de San Ramón y el Colegio de Cristo.

En el siglo XVII hubo 20 imprentas en la ciudad y se publicaron más de 2 000 títulos de libros y folletos, cantidad, para la época, nada despreciable. La mayoría fueron, como es natural, de obras de devoción y sermones, que pasan de 600, pero hubo también algunas importantes ediciones de poesía, historia y ciencias.

Comienza el siglo, precisamente, con una poesía: *Relación de las grandezas del Perú, México y Puebla de los Ángeles*, 1601, de Bernardo de la Vega, edición de la que sólo se conoce el título. Prosigue con la citada *Grandeza mexicana*, 1604, el gran poema de Bernardo de Balbuena, y continúa con los *Coloquios espirituales*, 1610, de Fernán González de Eslava y *Los sirgueros de la Virgen*, 1620, de Francisco Bramón. Se publicaron también las poesías de doña María de Estrada, predecesora —pero ¡cuánto menor!— de Sor Juana, y los certámenes poéticos universitarios como el *Triunfo parténico*.

Por otra parte, el periodismo comienza en el siglo XVII con las *Gacetas*, desde el año de 1666 al de 1698, que sólo fueron reproducciones de las españolas, pues las verdaderas *Gacetas* mexicanas comienzan en 1722.

De historia y biografías se publicaron no menos de cien impresos, entre ellos crónicas de suma importancia, como la *Monarquía indiana*, de fray Juan de Torquemada (impresa en Sevilla, en 1615);

las *Crónicas* agustinianas de González de la Puente y Basalenque, 1620; la *Palestra historial* y la *Geográfica descripción* de fray Francisco de Burgoa, 1670, o el *Paraíso occidental* de don Carlos de Sigüenza y Góngora, que es la nutrida historia del convento de Jesús María, de la ciudad de México, y el *Teatro mexicano*, de Vetancurt, imponente y completa crónica de su época, editada en 1698. No olvidemos, de 1666, la crónica de la Catedral y del Real Palacio, encubiertas en el libro *Llanto de occidente...* de Isidro Sariñana, que trata de las exequias a la muerte de Felipe IV, pero que aprovecha para describir con minucia ambos edificios.

Para la historia guadalupana es esencial el siglo XVII, pues en 1648 apareció la primera historia, con su interpretación teológica sobre la Virgen de Guadalupe, del Br. Miguel Sánchez, y luego las más circunstanciadas de Luis Becerra Tanco, en 1675, y la de Francisco de Florencia, en 1685.

De ciencias se imprimieron varios tratados de medicina. Sobre minas hubo también varios impresos, así como del famoso desagüe del Valle de México, sobre todo la *Relación universal, legítima y verdadera,* de 1637. Sobre astronomía se escribieron muchas tonterías; entre ellas, las del famoso padre Kino, pero produjeron una verdadera obra científica sobre los cometas, de don Carlos de Sigüenza y Góngora: la *Libra astronómica y filosófica,* de 1690.

En lingüística hubo 22 impresos de "artes" o vocabularios de lenguas indígenas y hasta un curioso tratado en inglés *Short abridgement to christian doctrine*, cuyo único ejemplar conocido poseyó Riva Palacio.

Los libros de España llegaban con puntualidad y profusión, y muchos de Francia, los Países Bajos e Italia; todos, claro está, bajo censuras. Las bibliotecas de los conventos tenían casi los mismos libros, pero poseían otros referentes a cada orden religiosa y manuscritos especiales.

La Catedral en el siglo xvii

La Catedral de México, si bien empezada en el siglo XVI, con planos de Claudio de Arciniega, es obra, en realidad, del siglo XVII, incluso con tales modificaciones de los planos primitivos, que resultó otra.

El desarrollo constructivo del siglo XVII es el siguiente: de 1573, año de su iniciación, a 1615,

> se levantaron los muros de toda la circunferencia del templo a más de la mitad de su altura —como dice Sariñana, el primer cronista de la Catedral— las paredes de las capillas y algunas columnas hasta su capitel y otras a los últimos tercios y se hicieron las bóvedas de lacería a las entradas que corresponden a la capilla mayor, que llaman de los Reyes, la Sala Capitular y las cuatro primeras capillas, dos por cada banda...

En ese año hizo una "montea" o plano el arquitecto Alonso Pérez de Castañeda, a quien hemos citado y que era entonces maestro mayor de la Catedral. Estos planos fueron enviados a España y el rey Felipe III ordenó se adaptase a lo hecho un nuevo proyecto de su real arquitecto Juan Gómez de Mora, pero con la libertad de "escoger la mejor traza." No nos dice Sariñana cuál fue la escogida, pero sí que se prosiguió con gran energía, de modo que en 1623 fue terminada la sacristía.

Mientras tanto se fundía en oro y esmalte la que fue egregia obra de arte, es decir, una imagen de la Asunción, en 1607, por el platero Luis de Vargas, imagen de la cual dice Sariñana:

> es de oro, así como la peana y cuatro ángeles que asisten obsequiosos y aunque sobre tan noble materia añadió preciosidad la variedad de piedras, con todo, vence a la materia, la forma, siendo tan vivo el movimiento de la planta y tan airoso el impulso del vuelo...

Esta imagen existió hasta 1845 en que fue fundida por el Cabildo, para ayudar a los conservadores en su guerra fratricida.

En 1627 se acabaron las dos primeras capillas de la entrada: a la derecha, una con bóveda gótica y la otra, como "novedad", con bóveda renacentista y "se hermoseó con lazos, tarjas y figuras de medio relieve en yeso, con perfiles dorados".

En 1637 se comenzaron las bóvedas de las naves, prosiguiéndose hasta la última en 1667. En 1645 se comenzó el primer cuerpo de la torre derecha, acabado en 1654.

El que durara treinta años la construcción de las bóvedas no quiere decir que estuviera destechada la Catedral, pues los espacios se cubrían de artesonados de madera provisionales, de tal manera que en 1653, como afirma claramente Sariñana,

> se levantaron los muros del Coro, que ciñen dos cuadros de la nave (central), con zócalos, ángulos y cornisas de cantería y sobre éstas se siguió, por lados y cabeceras, una tribuna volada, de cedro y tapincerán, madera preciosísima de este reino. . .

Y el coro existía desde antes, seguramente todo de madera, pues en 1650 dice Guijo que se estrenó el Altar del Perdón, con la Virgen de Pereyns —que estaba ya en el altar de ese nombre en la Catedral vieja— y pinturas de los apóstoles y de los evangelistas. Este altar estaba, como ahora, en la cabecera del coro.

Una vez construido, y de piedra, el ámbito del coro en 1653, se procedió dos años después a ponerle su piso de entablado y su sillería provisional. Eran también provisionales los altares mayor y de los Reyes, y en ellos se dijeron, en 1655, las misas de cumpleaños de Felipe IV. Con todo esto en servicio, pudo dedicarse la Catedral en

1656. Dejemos la palabra al fiel cronista Guijo:

> Domingo 30 de enero, a las cinco horas de la tarde, juntó el virrey al deán y cabildo de esta santa iglesia Catedral en ella y fue él y la virreina y su hija y criados, y en el cabildo les hizo el virrey una plática enderezada a los vivos deseos que ha tenido de ver la iglesia en el estado en que está, que era acabada y que de toda ella se podía ya servir y que así, en nombre de Su Majestad les entregaba las llaves de ella como templo que era de ellos ya y no de seglares. Acabado este acto se fueron él y la virreina e hija al presbiterio e hincándose de rodillas, besó la primera grada y quitándose la capa y espada y ellas cubriéndose con unas tocas, subieron al presbiterio y entre ellos tres lo barrieron todo por sus manos y acabado este acto no quiso recibir aguamanos, sino sacudiéndose el polvo, que fue mucho, se fueron a Palacio. . .

La cúpula fue terminada en 1665, año en que también se estrenó el Altar Mayor, obra del escultor Antonio Maldonado, con columnas de alabastro. Los púlpitos, también de alabastro poblano (*tecali*) se esculpieron en 1683, y en 1695 cmpezó el maestro Juan de Rojas la preciosa y barroca sillería.

Las portadas exteriores son: de 1662 —el segundo cuerpo de la principal— y de 1680 las laterales. Sin embargo, las puertas de madera se hicieron en 1659. Con estas portadas comienza el barroco salomónico en la ciudad de México. Retablos del siglo XVII sólo quedan los de la capilla del Cristo, de San Pedro y La Soledad. Todo lo demás es obra del siglo XVIII.

Recordemos, como obra magna del siglo XVII, la decoración de murales al óleo, de la sacristía, con cuatro vigorosos lienzos de Cristóbal de Villalpando y dos de Juan Correa.

Los conventos

En sociedad y época tan religiosas, era natural que proliferaran los conventos de frailes y monjas, así como otras congregaciones, modernas entonces. Esta religiosidad iba desde la mística —muy rara en América— a la ascética, a la devoción, a la superstición. Un sacerdote mexicano del siglo XVII nos da la tónica; andaba siempre platicando con alguien, invisible, a quien hacía reverencias y cuando entraba o salía de una casa o habitación, le cedía el paso y, por respeto, nunca se ponía el sombrero. ¿Quién era este personaje invisible pero real? Muy sencillo: el ángel de su guarda.

Hagamos un "paseo colonial" por los conventos metropolitanos del siglo XVII, aunque sea a toda prisa.

San Francisco era el más importante y grandioso. Aún era el del siglo XVI, con su artesonado y su techo a dos aguas. Por dentro lleno de retablos renacentistas y salomónicos, "tan contiguos —dice Vetancurt— que no dejan ver nada de las paredes que ocupan." El claustro grande tenía una fuente de alabastro y lienzos de Baltazar de Echave con la vida de San Francisco. En el atrio había varias capillas, desde la antiquísima de fray Pedro de Gante, llamada de San José de los Naturales, que era como una mezquita abierta, hasta la de Aranzazú, de 1680. Tenía dos torres, una de la iglesia y otra de San José de los Naturales. De este atrio partían las capillas, catorce, del Calvario, que ocupaban el centro de la hoy Avenida Juárez, hasta San Diego. Este convento, así como el de San Cosme, eran también franciscanos. San Diego fue rehecho en los siglos XVIII —el templo— y XIX —portada y torre—. Ahora es el Museo de Pintura Colonial o "Pinacoteca Virreinal." San Cosme permanece; fue construida de 1672 a 1675. Es interesante en este templo la variación de las bóvedas, todas de distinta forma.

Santo Domingo, como se vio, tenía su rico artesonado interior; por fuera, su techo a dos aguas y su torre. La Capilla del Rosario, de 1690, si bien tenía su entrada por la iglesia, ocupaba parte del convento. Había una suntuosa capilla en la iglesia, especial para el entierro de don Pedro Moctezuma, bisnieto del rey azteca. El claustro era de 1692. Todo fue demolido para abrir la calle más tonta del mundo, la de Leandro Valle que, como decía Toussaint, "no va a ninguna parte ni viene de ninguna."

Con Santo Domingo debemos recordar a la Inquisición cuyo edificio, en la otra esquina de la plaza, fue después reedificado en el siglo XVIII por el gran arquitecto Pedro de Arrieta, y es el que ahora existe. En el siglo XVII era un edificio más modesto, que conocemos gracias al plano de Diego Correa.

San Agustín tenía tan espléndido artesonado que cuando se incendió, en 1676, duró tres días chorreando plomo. La iglesia actual, la más bella de México por sus heroicas proporciones, es de 1677-1695. En 1867 fue convertida en Biblioteca Nacional. Conserva aún el bellísimo relieve renacentista de la portada, con San Agustín protegiendo a su orden. Ocupaba toda la manzana y aún parte de la que está detrás de la iglesia, por lo cual se construyó en 1598 un arco volado que comunicaba ambas casas. Este arco duró hasta 1826. La sillería del coro es tan excelente como cualquiera de las mejores de Europa y está hoy en el salón "Generalito" de la Escuela Preparatoria núm. 1, o sea, San Ildefonso. Su retablo, que conocemos gracias a una exquisita litografía, era de barroco salomónico.

Los mercedarios tenían una gran iglesia de tres naves, construida de 1634 a 1654, con su alfarje precioso en la nave central y de bóvedas en las naves laterales. Era la única iglesia que había llegado hasta 1867 íntegra, pero eso no fue obstáculo para su destrucción total. El bellísimo claustro barroco es la última obra que se hizo en el siglo XVII. Otra iglesia mercedaria de fines del siglo XVII fue la de Belén, reedificada después.

De El Carmen ya vimos su artesonado. La iglesia vieja duró hasta fines del siglo XVIII, en que la ambición de los carmelitas quiso un templo "grandioso" que impidió la revolución de independencia. Quedó la capilla del Tercer Orden, que es la actual iglesia.

Los templos de los jesuitas han sido también citados: San Pedro y San Pablo, que es el arcaico templo de 1603 hoy invisible como Hemeroteca Nacional y con una ridícula portadita neoclásica. De La Profesa del siglo XVII no conocemos sus fachadas, ni en descripción ni pinturas. Queda un viejo claustro en San Pedro y San Pablo. San Andrés, en la calle de Tacuba, fue iglesia y "jovenado" de los jesuitas.

El bachiller Antonio Calderón, "galán de muy linda cara y muy rico", como dice Robles, fundó en México la Congregación de San Felipe Neri, llamada de los "oratorianos." Se construyó la iglesia de 1660 a 1668, de la cual existen la fachada y la torre. Lo demás es garaje. Una novedad hay en esta fachada: el inscribirla en un gran arco, forma barroca que se usaría después con éxito en el siglo XVIII. Aún existe un pequeño y hermoso claustro, hundido y mutilado.

Los benedictinos tuvieron una capilla, la de Monserrat, a espaldas de San Jerónimo que, con una bóveda menos, aún existe.

Los conventos de monjas, de las "esposas del Señor", con su cuádruple voto de pobreza, obediencia, castidad y clausura, eran enormes, con varios claustros, locutorios o salas enrejadas para recibir visitas, y celdas separadas, como casitas, para las monjas ricas. Los templos eran de una nave, sin crucero, al eje de la calle, sobre la cual iban las portadas, ya que el ábside lo ocupaba el altar mayor y enfrente de éste, a los pies, iban los coros, alto y bajo, formando unas interesantísimas fachadas interiores con su doble reja en el coro bajo y la cratícula o comulgatorio; arriba una reja sencilla de muro a muro y un gran abanico de madera calada que cerraba el arco. Las capuchinas fueron las únicas que abrieron el coro bajo junto al altar mayor.

En el siglo XVII funcionaron *dieciséis* conventos de monjas, nueve de ellos fundados en el siglo XVI, pero cuyos edificios se renovaron en el XVII. Aún existen trece iglesias monjiles.

La Concepción fue el más antiguo, pero su iglesia

es de 1645. Resulta que la iglesia del XVI estaba cayéndose. No había "patrono" o sea donador de los dineros necesarios. Un día el capellán, en lugar de predicar sobre la fiesta que se celebraba, habló de la necesidad de la renovación, dirigiendo sus miradas y gestos hacia un rico señor que estaba sentado cerca del púlpito. Era don Simón de Haro. Cuando después del sermón le preguntaron al padre por qué había cambiado el asunto, éste juró que había hablado de la fiesta y no de esa renovación. El caso fue considerado "milagroso" y Haro fue patrono. La Concepción es una iglesia de grandes proporciones, con sus dos portadas de dibujo renacentista, aunque los desmesurados y curiosos escudos de los remates son del siglo XVIII. Lleva, como se dijo, la primera cúpula construida en la ciudad, sin tambor, pero con lucarnas o ventanas en la media naranja, y linternilla.

Filiales de La Concepción fueron: Regina, Jesús María, Balbanera, San José de Gracia, San Bernardo y La Encarnación.

Regina, durante todo el siglo XVII, permaneció con su artesonado mudéjar y su techo a dos aguas. Fue rehecha, como ahora está, en el primer tercio del siglo XVIII. No sabemos nada de cómo era por dentro.

Jesús María fue convento "real" porque albergó a una hija de Felipe II, hija natural, por supuesto, y loca. La primera iglesia debió de ser excelente, con su artesonado y su retablo con pinturas de Luis Juárez. Fue modernizada por el neoclásico, con bastante dignidad. Queda el claustro, que fue cine y hoy es basurero, con su elegante portería que lleva la inscripción epigráfica más antigua de México, de 1620.

Balbanera se comenzó en 1667 y se dedicó en 1671. Fue, naturalmente, de bóvedas, y así la pinta Diego Correa en el biombo del conde de Moctezuma. La torre actual, de azulejos, es del siglo XVIII y las portadas del XIX.

San José de Gracia tuvo deshonestos principios. Resulta que había, por donde ahora es la iglesia, un "recogimiento" voluntario de viudas y abandonadas que, juntando sus pocos haberes, mantenían el edificio y la capilla. El arzobispo García Guerra, en lugar de proteger a las pobres damas solas, le echó el ojo a la casa para un convento. Hubo protestas y el arzobispo prometió no molestarlas y sólo "juntar" el convento. El patrono fue el rector de la Universidad, Fernando Villegas, que tenía necesidad de desembarazarse de sus ocho hijas y, sobre todo, de su suegra. Creció el convento y, una noche, "horadando un muro del recogimiento, hicieron pasar las monjas a sus criadas, las cuales arrojaron *violentamente* a la calle a las viudas y abandonadas." Ya "libres" las monjas, procedieron a construir mejor iglesia, la actual, de 1653 a 1659.

La Encarnación fue fundada en el siglo XVI, pero la iglesia es de 1639-1648. La torre, la bella torre de azulejos que parece un tibor, así como la cúpula, son del siglo XVIII. Las portadas, muy severas, llevan, sin embargo, hermosos relieves de cantera blanca en vez de ventanas. Según parece, son los primeros de la ciudad. El gran claustro —hoy Secretaría de Educación Pública— es obra del XVIII, del arquitecto Miguel Costansó.

San Bernardo, en fin, debió su fundación, como dice irónicamente Toussaint, a "un disturbio electoral." Es decir, en una elección de abadesa en Regina, las perdidosas se salieron del convento y fundaron otro, con todo descaro, en 1635. Pero gracias a esas rebeldes esposas del Señor, tenemos las preciosas portadas de la iglesia, que es lo único que resta del siglo XVII. Fue este templo obra del arquitecto Juan de Cepeda, de 1685 a 1691. Las fachadas ya son muy barrocas, con columnas de estrías móviles y salomónicas, y riquísima labor en piedra, en los frisos y remate. Fue todo obra del maestro cantero Nicolás de Covarrubias.[5] Las estatuas de San Bernardo y la Virgen de Guadalupe son de alabastro poblano. Como un recuerdo, ya que hay noticias, hablaremos de los coros: "Al coro bajo —dice su cronista, el poeta Ramírez de Vargas— hacen lucido toldo dos bien acabadas

[5] Archivo Cervantes.

bóvedas de aristas enteras de 18 varas de altas... sobre la reja del coro alto se levanta una coronación [abanico] que la recibe un banco hasta tocar en el arco, en cuya eminencia se ve el glorioso simulacro [en pintura] de San Bernardo cuando entró a la iglesia mayor de Spira con todo su clero..." El retablo era magnificente, con la mesa del altar y el piso del presbiterio de alabastro. Sor Juana dijo:

Esta fábrica elevada
que parto admirable es
de los afanes del arte...

Las monjas franciscanas tuvieron cuatro conventos en el siglo XVII: Santa Clara, Santa Isabel, San Juan de la Penitencia y Capuchinas. El primero, en la calle de Tacuba, cuya iglesia es ahora Biblioteca del Congreso, se fundó en 1579. En 1620 decidieron las monjitas rehacer la primitiva iglesia. Pidieron permiso al Ayuntamiento las 289 profesas, de las cuales 90 no sabían firmar... Se comenzó la iglesia luego, pero como murió el patrono, sus hijos no quisieron seguir con semejante carga, por lo cual sólo pudo acabarse hasta 1661. En tanto tiempo se rehicieron los planos y acabó por tener cúpula, en lugar de artesonado. Por dentro, dice Vetancurt, "el adorno de los retablos es de lo más rico y curioso de las Indias... fue el autor de ellos Pedro Ramírez maestro de maestros del siglo que lo goza. . ." Entre las columnas salomónicas había relicarios que se movían "como tornos", para mostrar las muchas formas de marcos en que estaban las reliquias. El coro tenía una "coronación" o abanico "muy labrado" y una tribuna "muy pulida." El día del estreno hubo verbena en la calle de Tacuba y la procesión con el Santísimo fue recibida a las puertas del templo "por siete niños como flores, en el traje mexicano, con *copilis* de perlas y diamantes, y con bailes graciosos y una loa. . ."

Santa Isabel estuvo exactamente donde hoy se hunde el Palacio de Bellas Artes. Se construyó de 1676 a 1685, "de bóvedas hermosas y cúpula" y cuajada de retablos. En 1861 se vendió la iglesia para convertirla en bodega.

San Juan de la Penitencia estuvo donde ahora se levanta ¡otra iglesia! ya que la primera, de 1695, fue derruida por la empresa cigarrera del Buen Tono para hacer su iglesia horripilante. Tenía buena cúpula y una bellísima reja en el coro alto, que hoy se oxida a la entrada del Castillo de Chapultepec.

El monasterio de las Capuchinas estuvo en la que es ahora calle última de Venustiano Carranza y fue derrumbado en 1861 para abrir ¡un tramo! de la calle de Palma. Pero hay abundantes noticias de ella, en el libro *Trono mexicano*, de Ignacio Peña, publicado en Madrid en 1728. Ocupaba el convento el corazón de la manzana, con su iglesia de oriente a poniente, que fue construida en 1673. Sus portadas eran sencillas, de orden dórico, pero de diferentes tamaños. La mayor ostentaba un alto relieve con San Felipe de Jesús crucificado. En 1756 se le añadieron magníficos estípites, los primeros que se hicieron exentos en la ciudad.

Su techo, por gracioso arcaísmo, era aún de artesonado,

> obrado de moldura y talla y, por la parte cóncava, bajan las molduras, guardando sus ochavos a recibir en el centro una bandejas ondeadas, siguiendo por la parte convexa las dichas molduras; fórmanse entre los artesones unos cuadrángulos con florecillas colgantes y a todo relieve, todo orlado con la cuerda de San Francisco, doradas las bandejas de los centros, con los fondos de azul; en los cuadros que dividen las partes de que se compone el templo se forma el arrocabe que sobre sí recibe el techo, con sus molduras doradas y en su medio un romano foliado de troncos y cortezas que atan a trechos unas tarjas en que se copian atributos e insignias cuyos coloridos acreditan los primores del pincel. . .

El coro bajo, en el presbiterio, llevaba su doble reja de púas y su cratícula, "en forma de nicho, en donde puede entrar el sacerdote", como se había hecho en San Jerónimo. Tenía el coro su abanico o "rayo" de pobre hojalata, pero con un

Cristo de tamaño natural en el centro y dos pinturas.

El retablo era de orden corintio, con las columnas adornadas a tercios. El sagrario era un primor, con diez pelícanos que sostenían columnillas y luego una concha de espejos. En el centro del retablo, un alto relieve estofado de San Felipe de Jesús. En el remate "cuatro estripites" (*sic*) que debieron ser cariátides. El claustro era de cuatro arcos por lado, sobre pilastras cuadradas y su pila ochavada en el centro. En la portería iba el locutorio, con sus rejas de púas. Y todo quedó, como dice Peña, "con las tres calidades que deben tener estos edificios: utilidad, firmeza y hermosura."

Las carmelitas fundaron Santa Teresa la Antigua, de manera más inmoral que San José de Gracia. Recordemos el atraco: en Jesús María vivían Sor Inés de la Cruz y Sor Mariana de la Encarnación; pero como no salían de súbditas y querían ser autoridades ¿qué mejor que construir un nuevo convento, como lo habían hecho las bernardas? La razón —y admitimos que sincera y legítima— fue la de fundar el Carmelo en México. Consiguieron su patrón, que les dejó unas casas de vecindad junto al Palacio Episcopal. El arzobispo Pérez de la Serna, a quien hemos visto excomulgando al virrey, se encargó de la fundación. Como los vecinos de las casas no querían salir de ellas, Su Ilustrísima cohechó a un inquilino, llegó una madrugada y dijo misa en la sala del inquilino. El lugar se consideró sagrado y se ordenó desalojar, en ese instante, a los habitantes de las casas, despertándolos a golpes en las puertas y campanillazos. El arzobispo les decía, cuando salían que "con la presencia de Cristo había tomado posesión de aquellas casas y que los amonestaba para que, sin omisión o negligencia, se mudasen."

La *piadosa* Sor Inés escribió después que aquello

> parecía el día del juicio, por ser *mucha* la gente que allí vivía y que *le sirvió de recreación al Señor arzobispo y le causaba risa* ver salir a unos medio desnudos y otros cubiertos con sólo las frazadas y algunos en camisa, dando voces, tanto, que fue necesario enviar por alguaciles... y toda esa gente quedó indignada contra nosotras y *era para alabar a Dios* las injurias y maldiciones que nos echaban...

Esto pasaba en 1615. En esas casas permaneció el convento hasta 1684, en que se edificó la iglesia actual. Sus portadas son magníficas, las segundas —después de la Catedral— de orden salomónico, con suntuosas columnas corolíticas. Como un arcaísmo elegante, no lleva cúpula, sino bóvedas de arista y una colosal bóveda vaída en el antepresbiterio. Del convento no existe ni un centímetro cuadrado.

Santa Catalina fue el convento de las monjas dominicas. Era de artesonado y techo a dos aguas. Quizás las portadas sean del siglo XVII.

San Lorenzo fue fundación de las monjas jerónimas. Como la segunda iglesia fue construida en el XVII, todos han creído —menos Angulo— que la que ahora existe es la antigua, pero no es así. La iglesia del siglo XVII era de artesonado y techo a dos aguas. Así se ve en los planos, hasta uno de 1753 que aquí se publica. La había construido, de 1643 a 1650, el maestro arquitecto Juan Gómez de Trasmonte.[6] La actual es de 1785, entre barroca y neoclásica, con una absurda y desproporcionada fachada, pero con excelentes esculturas.

Hemos dejado para el final, intencionalmente, el convento de San Jerónimo, a pesar de que es el más antiguo como construcción, según se dijo al principio. Se debe esto al hecho de que fue el asilo intelectual, durante 27 años, de Sor Juana Inés de la Cruz. Allí profesó en 1669; allí murió en 1695; allí está sepultada, en el coro bajo, que era un pasadizo inmundo hasta que en 1964-1965 la Secretaría del Patrimonio Nacional restauró magníficamente los coros, dedicándolos a "recinto sepulcral dc Sor Juana Inés de la Cruz." Fue una iglesia pobre en su arquitectura. Su fachada, la última de estilo herreriano, es muy severa. El claustro, que aún permanece, está invadido por casas. Pero no es el de Sor Juana; es de fines del siglo XVIII. Lo que es del siglo XVII, además de la propia iglesia, son las bases del coro y su viguería

[6] Archivo Cervantes.

alta; parte de la cratícula y los confesonarios. La cratícula estaba rehundida en el muro, como un presbiterio minúsculo, que según se ha visto, copiaron las capuchinas.

Parroquias y hospitales

Las parroquias del siglo XVII fueron diez: cuatro para criollos y españoles y las demás para indios y castas. La principal era El Sagrario, en la segunda capilla a mano derecha, de la Catedral. Santa Catarina, con su techo plano de viguería y una torre. En el atrio tenía un "humilladero". La Santa Veracruz era también de alfarje de vigas, pero con portada muy rica. San Miguel era por el estilo. Todas fueron rehechas en el siglo XVIII, salvo San Miguel, que lo fue a fines del mismo siglo XVII.

Las de indios eran San José de los Naturales, en San Francisco; Tlatelolco, Santa María la Redonda, llamada así por su interesante presbiterio en forma ochavada, único en México, separado de la nave, que llevaba artesón. San Pablo el viejo, hoy oficinas del Hospital Juárez; San Sebastián y Santa Cruz Acatlán.

Los hospitales eran once: el del Amor de Dios, fundación de Zumárraga, donde después fue la Academia de San Carlos. El de Jesús Nazareno, fundación de Cortés, que permanece casi íntegro, con sus patios del siglo XVI. El de San Juan de Dios, frente a la Santa Veracruz, con su techo, entonces, a dos aguas y su alfarje. El Hospital Real de Indios, en la calle de San Juan de Letrán, con su capilla de artesón y su teatro en la parte posterior, como puede verse en el plano de los condes de Moctezuma. El del Espíritu Santo, en la actual calle de Isabel la Católica —donde ahora es el Casino Español, pues para construirlo fue destruida la iglesia, cuya torre era muy bella y muy original—. El de la Misericordia, en la actual calle de Mariana Rodríguez del Toro de Lazarín (!), donde después, en el siglo XVIII, se pusieron los baños más antiguos de México y eran "para mujeres solas". El de San Hipólito, para locos, único manicomio, entonces, de la ciudad, reedificado el siglo XVIII. El de San Lázaro, para leprosos, así como el de San Antonio Abad. El primero era del siglo XVI; el segundo, de 1687. No es que hubiera tantos leprosos, sino que los frailes "antoninos" tenían que justificar su presencia en México. Aún perduran las iglesias de ambos, convertidas en bodegas. El de Betlemitas, cuya fundación es guatemalteca, debida al venerable terciario franciscano Pedro Betancourt, para "convalecientes", pues tan mal salían los enfermos de los hospitales que necesitaban otros para convalecer. En México se estableció en 1675, y se dedicó la iglesia en 1687, tan rica de retablos y lámparas que mereció ser pintada a principios del siglo XVIII por Carlos de Villalpando. El hospital, rehecho en el siglo XVIII por Lorenzo Rodríguez, conserva su bello patio.

La arquitectura civil

Salvo el transformado Palacio Nacional, nada queda de arquitectura civil del siglo XVII. Toda la ciudad cambió sus casas en el XVIII. El gran acueducto de Santa Fe, iniciado en 1603 y terminado en 1620, fue destruido con saña en el siglo pasado; ni siquiera se tuvo la preocupación, como se hizo con el de Chapultepec, de conservar una docena de arcos, como recuerdo. Y eso que tenía mil arcos, lo cual es impresionante. Venía del pueblo de Santa Fe, pasaba bajo la roca de Chapultepec, continuaba por San Cosme y la Alameda, donde concluía frente a la casa del Mariscal de Castilla, hoy enano rascacielos detrás de Bellas Artes.

Las fuentes para el servicio de agua eran más de cuarenta; pero la única de interés, la de la Plaza Mayor. Las demás eran simples arcos rehundidos en las esquinas de los conventos o de los palacios. De ellas partían las "mercedes" de agua, cuyas medidas eran la "paja" como más pequeña; la "naranja" como mediana y el "buey" como la más grande. A pesar de este último e increíble nombre, el grosor del chorro era de unos cuantos centímetros.

Se ha señalado una característica cromática de la ciudad de México: el rojo de sus paños de tezontle y el gris blanco de sus jambas y dinteles. Añadamos otra: la de subir esas jambas hasta la cornisa, prolongándolas más allá de los dinteles, de modo que resultaba un paño rectangular que servía para poner monogramas religiosos, relieves, fechas y hasta escudos. A principios del siglo, en 1608, decía el cronista fray Hernando Ojea:

> Casi todos los edificios de esta ciudad son de cal y canto; las casas lindísimas, grandes y espaciosas, de patio, corredores y corrales; ventanas rasgadas con rejas de hierro; curiosas, ricas y bien labradas portadas y cubiertas de azotea o terrado enladrillado o encalado, y así la ciudad es muy grande y ocupa tanto o más sitio que Sevilla o Madrid. . .

Y a fines del mismo siglo decía el citado historiador Vetancurt: "Los edificios tienen altos y bajos, con vistosos balcones y ventanas rasgadas de rejas de hierro labradas con primor. . ." Para 1621 tenía la ciudad 7 700 casas y en 1650 habían aumentado a 30 000, según sospechosos cálculos de un cronista del siglo XVIII.

A pesar de la limpia traza rectilínea de García Bravo, algunos frailes y vecinos se encargaban de "enmendarla" o destruirla. Dice un vecino, en

1615, al Ayuntamiento que tenía unas "casas grandes" por Jesús María pero que enfrente estaban "dos pedazos de casas viejas que quitan la vista", por lo que pide "se pongan en traza y se les dé nivel y derecera", y otro pedía

> se acabe de arreglar una calle por el convento de San Juan de la Penitencia para que no haya callejones que sirvan de ladroneras contra la policía y buen adorno de una ciudad tan principal y de tanto lustre como ésta.

En 1619 se hizo el segundo edificio del Ayuntamiento, "con balcones y portales", reedificado en el siglo XVIII y muy redecorado en este siglo.

Un problema económico muy serio se cernía sobre la ciudad, y los sagaces regidores del Ayuntamiento lo denuncian en 1635 pidiéndole al rey

> se sirva prohibir que las órdenes mendicantes *se apoderen de las casas y haciendas de esta ciudad*, porque los vecinos *no tienen ya qué comprar un solar*, qué dejar a sus hijos patrimonios para la conservación de las familias, y cada día van los dichos religiosos comprando y asentándose más, con que a pocos años *será suya la mitad del reino*...

Como sucedió, en efecto...

Recordemos una casa de la cual, por fortuna, existe una litografía que la muestra antes de que fuera vergonzosamente destruida: la Casa del Judío, por el barrio de San Pablo. Se cree que fue la mansión de Tremiño de Sobremonte. Era de dos pisos, sin entresuelo. En el bajo se ven las puertas almohadilladas, con las altas jambas típicas. En el piso alto, una serie de balcones de arcos lobulados, con ricas jambas esculpidas y conchas a guisa de capialzados exteriores. En los paños, labor mudéjar de petatillo. La portada principal era solemnísima, con un tapiz de piedra o de argamasa que adornaba el segundo piso, en el cual iban unos ángeles de tamaño natural en relieve, tres nichos y escudos.

Es posible que algunas casas decoradas en argamasa como ésta, sean del siglo XVII, como la de la esquina de Uruguay y 5 de Febrero y la que forma el ángulo de las calles de Guatemala y Argentina.

Según el plano de los condes de Moctezuma, muchas de las casas estaban aún almenadas. Y lo comprueba una noticia de Robles, de 1679: "Cayó un rayo en la casa de los Guerreros, junto a Santa Inés, y derribó dos almenas". Frente a la Concepción se ve una casa de dos pisos con jardín esquinero, protegido por tres ventanas de fortísimas rejas. El palacio por Mariscal de Castilla está también almenado y, por dentro, con su patio de arcos. El palacio que sería después del marquesado de Guardiola lleva almenas, con su portada renacentista, varios balcones enrejados y uno esquinero. Duró hasta mediados del siglo XIX. Otra casa imponente era El Rastro, con sus medievales torreones en cada esquina, que maltrecho, llegó hasta el siglo XIX. Era de 1619, con portadas "de orden toscano", es decir, dórico, con almenas de tezontle "sacadas en punta de diamante".

Las casas más humildes eran de un piso, con sus azoteas de terrados. Ignoramos si ya había "accesorias" y "casas de taza y plato". Que las había con entresuelos consta por documentos, ya que los poetas Ramírez de Vargas y Ayerra Santa María los alquilaban en la calle de los Donceles.

El Real Palacio aún era en 1692 el del siglo XVI. Su frente no llegaba hasta la esquina de la Moneda, como ahora. Tenía dos portadas renacentistas, de 1564, y tres patios. La habitación de los virreyes, era el ala izquierda, y tenía, según el cronista Sariñana:

> todas las piezas, camarines y retretes (recibidores y recámaras) que pide la suntuosidad de un palacio; junto a la escalera tiene tres salas grandes, principales, de estrado (de reuniones), con balcones a la Plaza Mayor, y entre ellos uno de doce varas de largo y casi dos de vuelo, ensamblado y dorado, con su zaquizamí y plomada. . .

Este hermoso balcón lo había mandado construir el elegante virrey duque de Escalona, en 1640. Era a la manera andaluza —parecido a los balcones peruanos—, es decir, con su amplia repisa que avanzaba, apoyada en el muro por niños atlantes, con celosías de madera y su "zaquizamí" o techo inclinado, como alero, con sus delgadas tejas de plomo. Le llamaban "El balcón de la Virreina".

La capilla estaba al fondo del patio; era de bóvedas y su retablo de orden corintio, cuyas clásicas columnas detenían "dos muchachos de medio relieve, honestamente desnudos", es decir, completamente desnudos, pero oculto el sexo con una oportuna cinta que no se sabía de dónde venía. En el centro del retablo una gran pintura con Santa Margarita, obra del excelente pintor español Alonso Vázquez.

En 1692 hubo el conocido y mil veces contado motín del pueblo hambriento contra el virrey conde de Galve. El Palacio fue incendiado.

En 1693 se comenzó a construir el actual, por el arquitecto Felipe de Roa; el virrey conde de Moctezuma pudo habitarlo en 1697. Si la fachada fue más armoniosa y corrida hasta la calle de la Moneda (sin la puerta de ese lado, que hizo el presidente Arista), fue demasiado austera y de aspecto militar, más que doméstico; el interior, en cambio, tiene uno de los patios más solemnes, elegantes y proporcionados, al que corresponden una escalera y corredores con las mismas calidades.

Una excelente pintura de Cristóbal de Villalpando nos muestra la Plaza Mayor en 1695, con el Palacio a medias, el Parián y la bullente multitud que llena la Plaza: es uno de los "retratos" de la ciudad del siglo XVII más auténticos y emotivos.

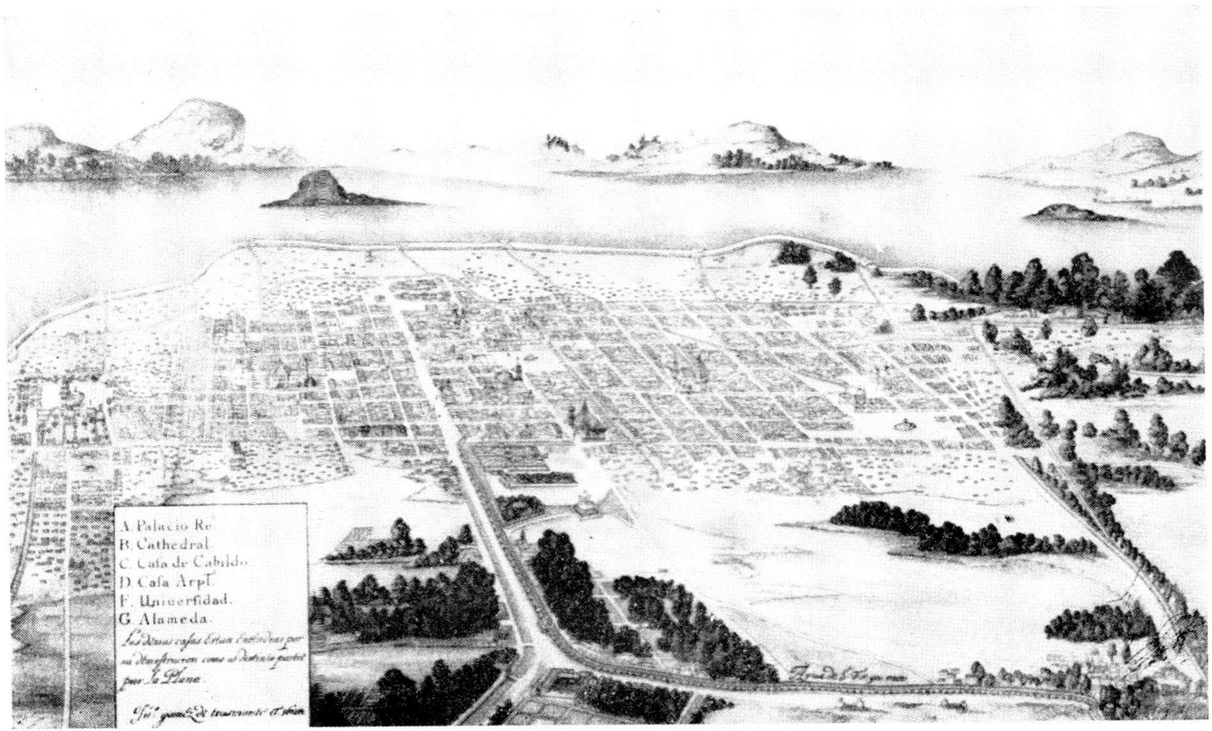

1. La ciudad de México en 1628

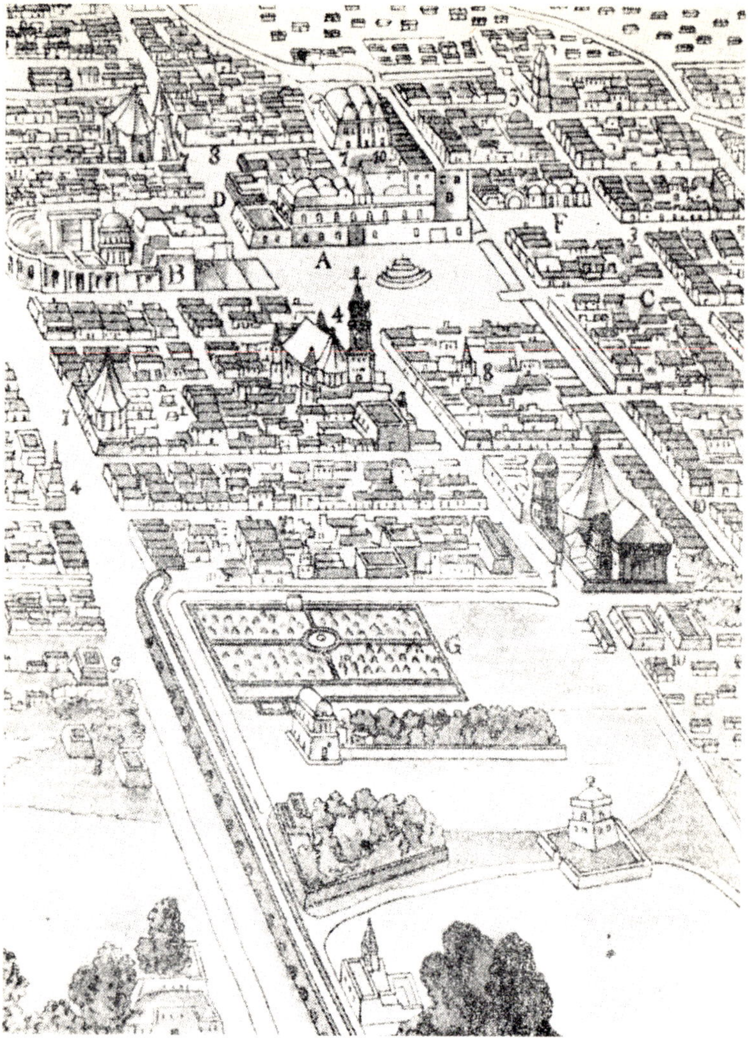

2. Plano de 1628. De la Alameda a la Merced

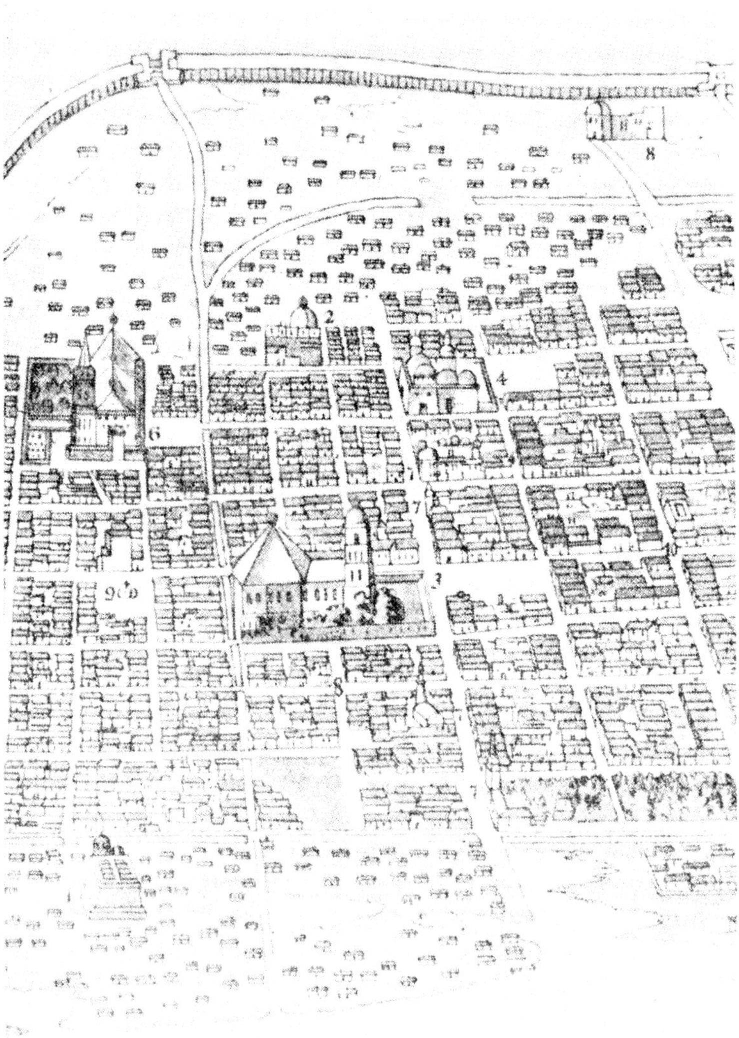

3. Plano de 1628. El Carmen (Nº 6); Santo Domingo (Nº 3) y San Pedro y San Pablo (Nº 4)

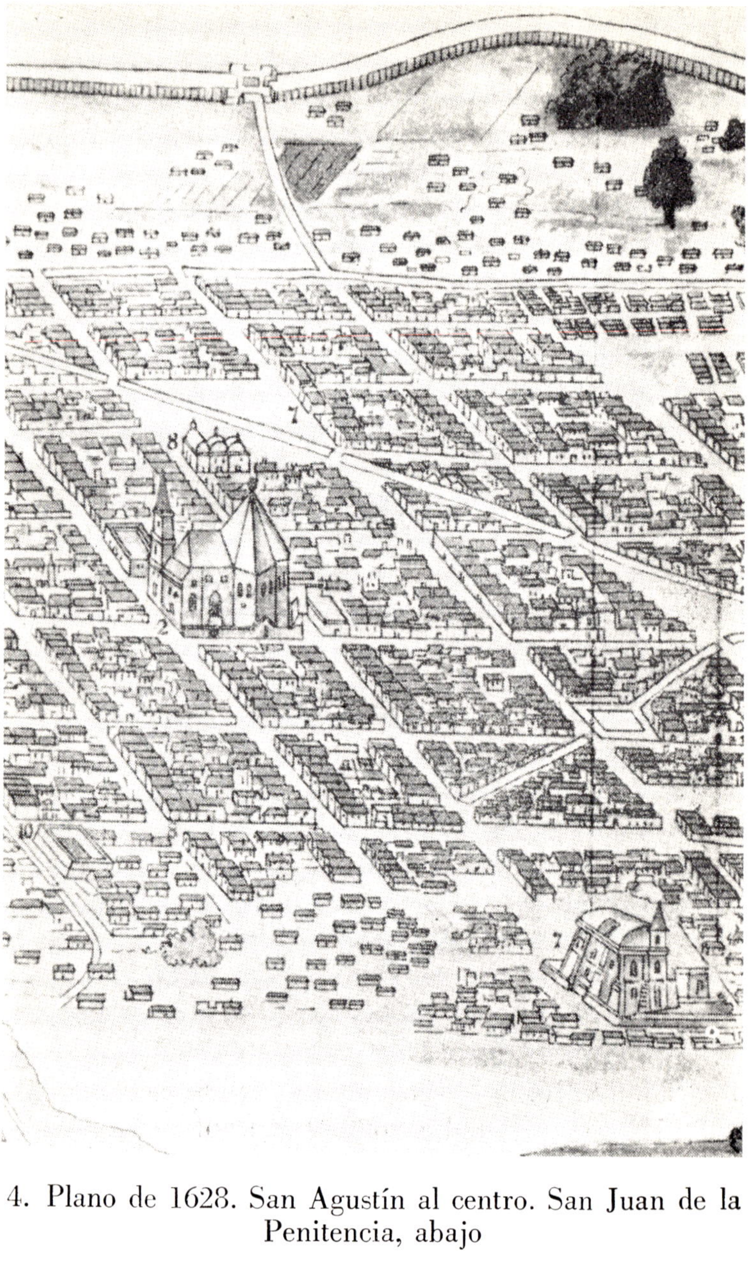

4. Plano de 1628. San Agustín al centro. San Juan de la Penitencia, abajo

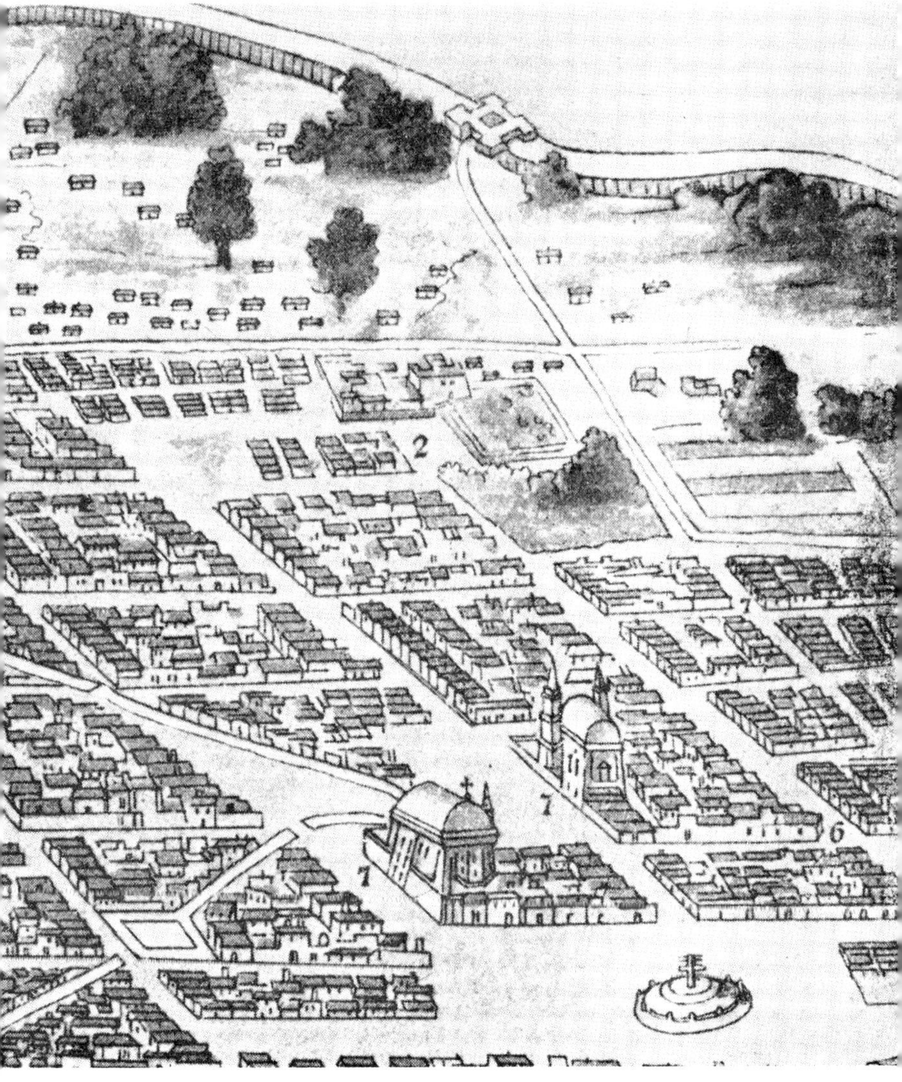

5. Plano de 1628. Regina y San Jerónimo

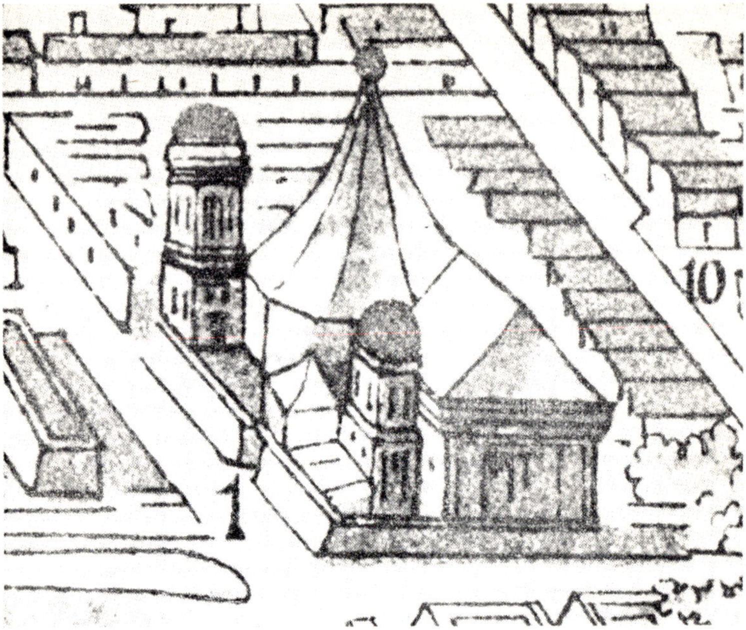

6 A. Id. San Francisco

6 B. Id. La Profesa

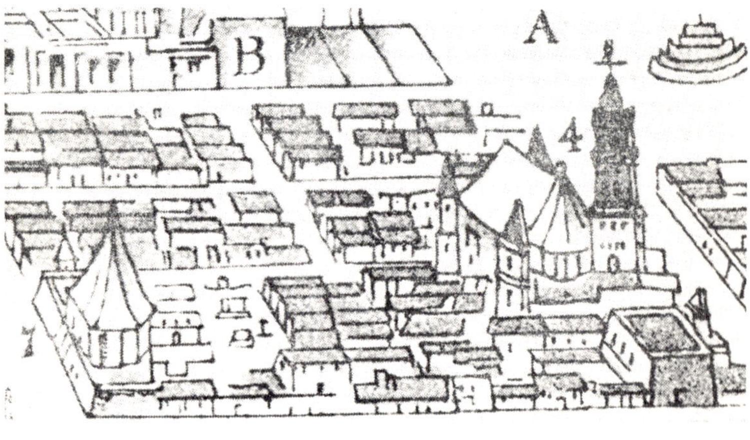

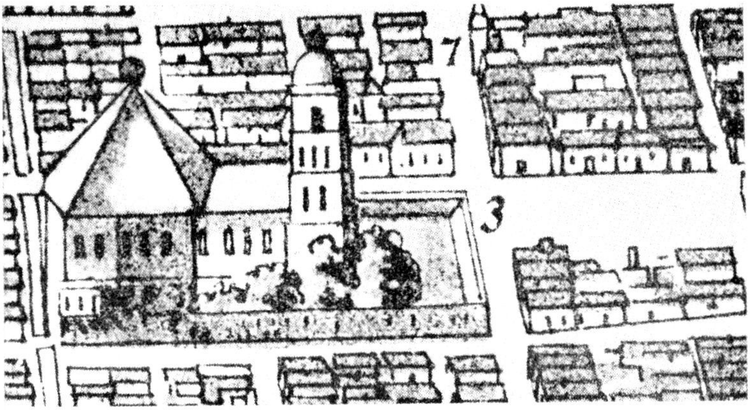

7 A. Id. Santo Domingo

7 B. Id. San Agustín

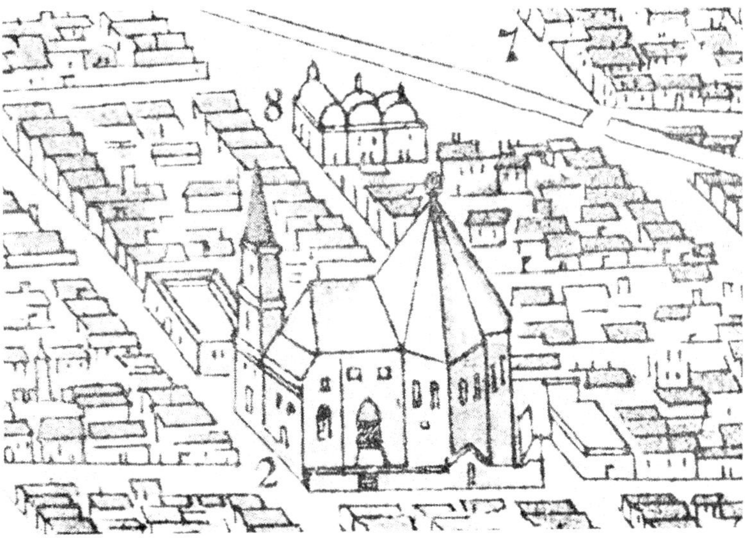

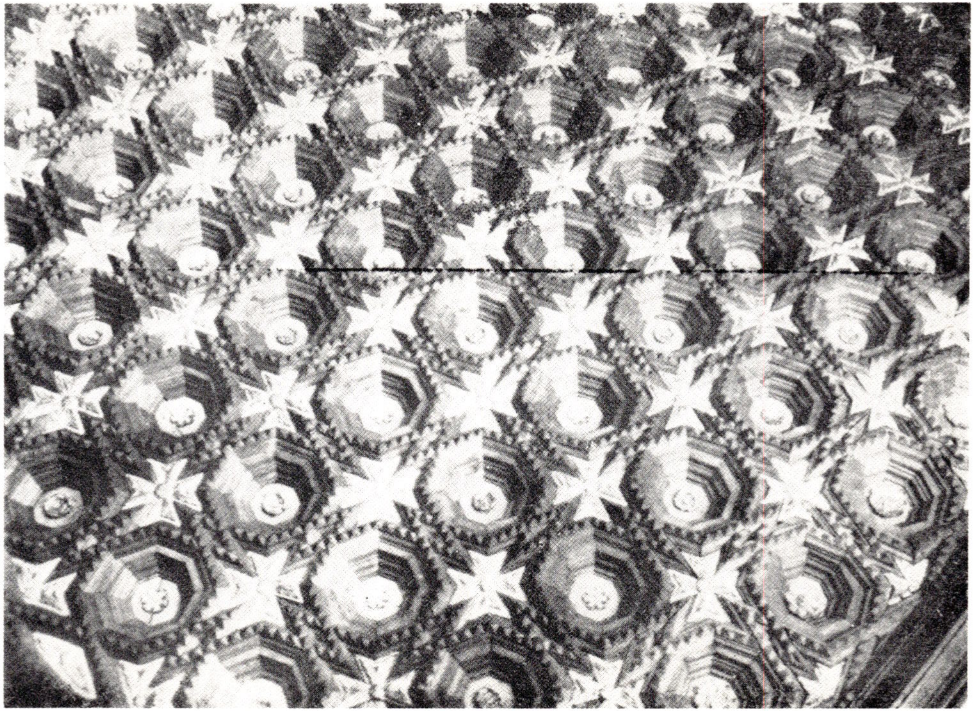

8. Artesonado de Jesús Nazareno

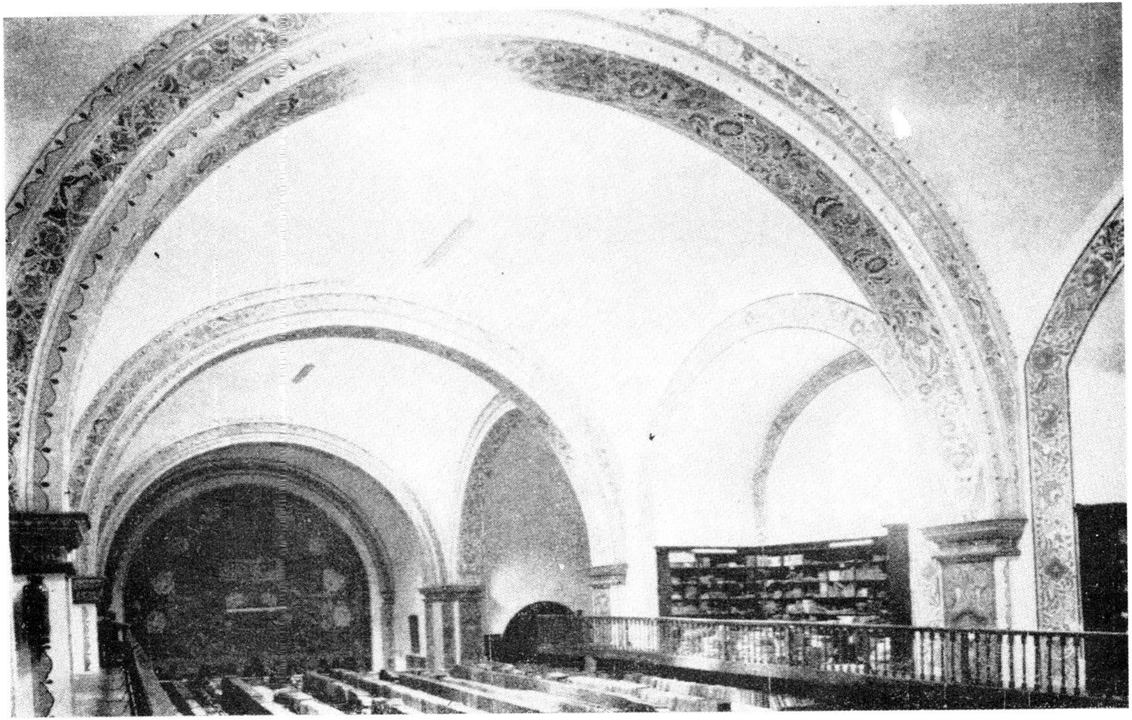

9. San Pedro y San Pablo. Bóvedas (1601)

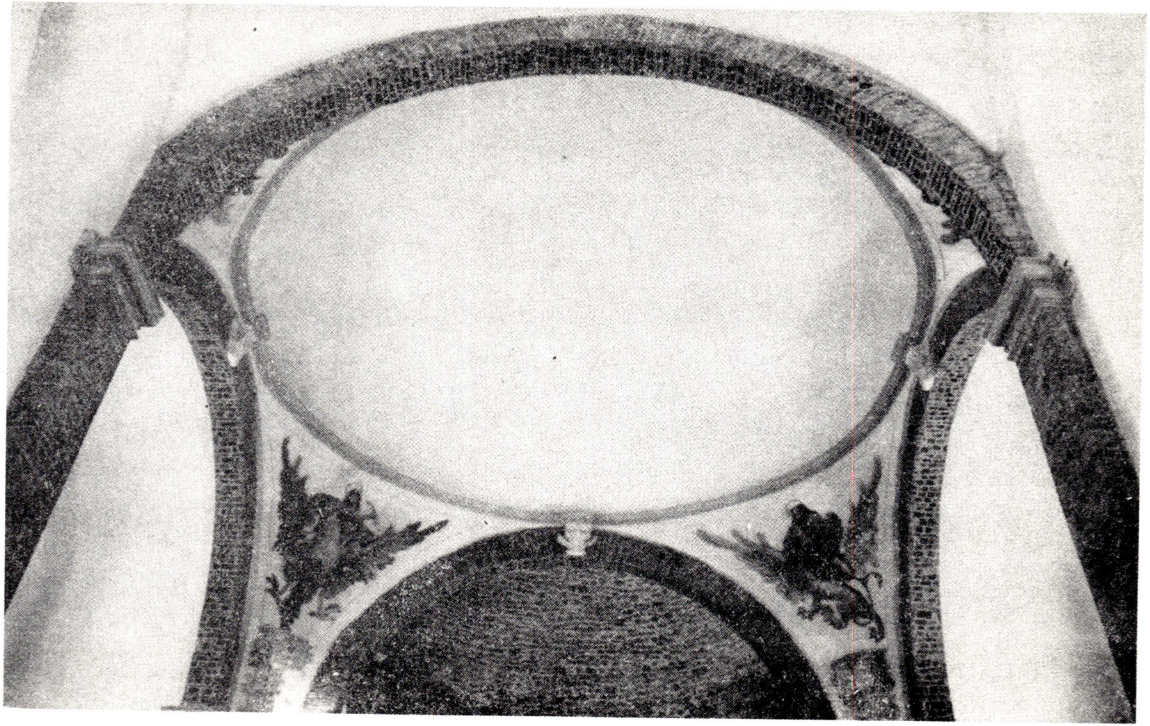

10. Tlatelolco. Bóveda sobre pechinas (1609)

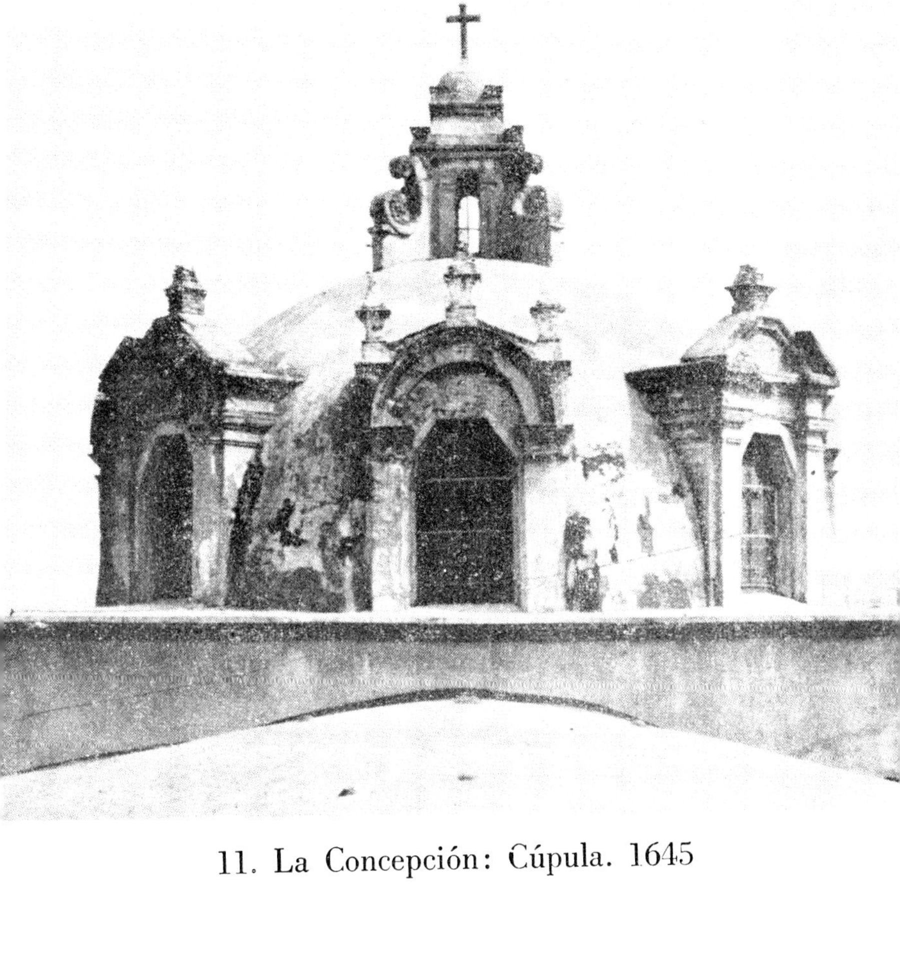

11. La Concepción: Cúpula. 1645

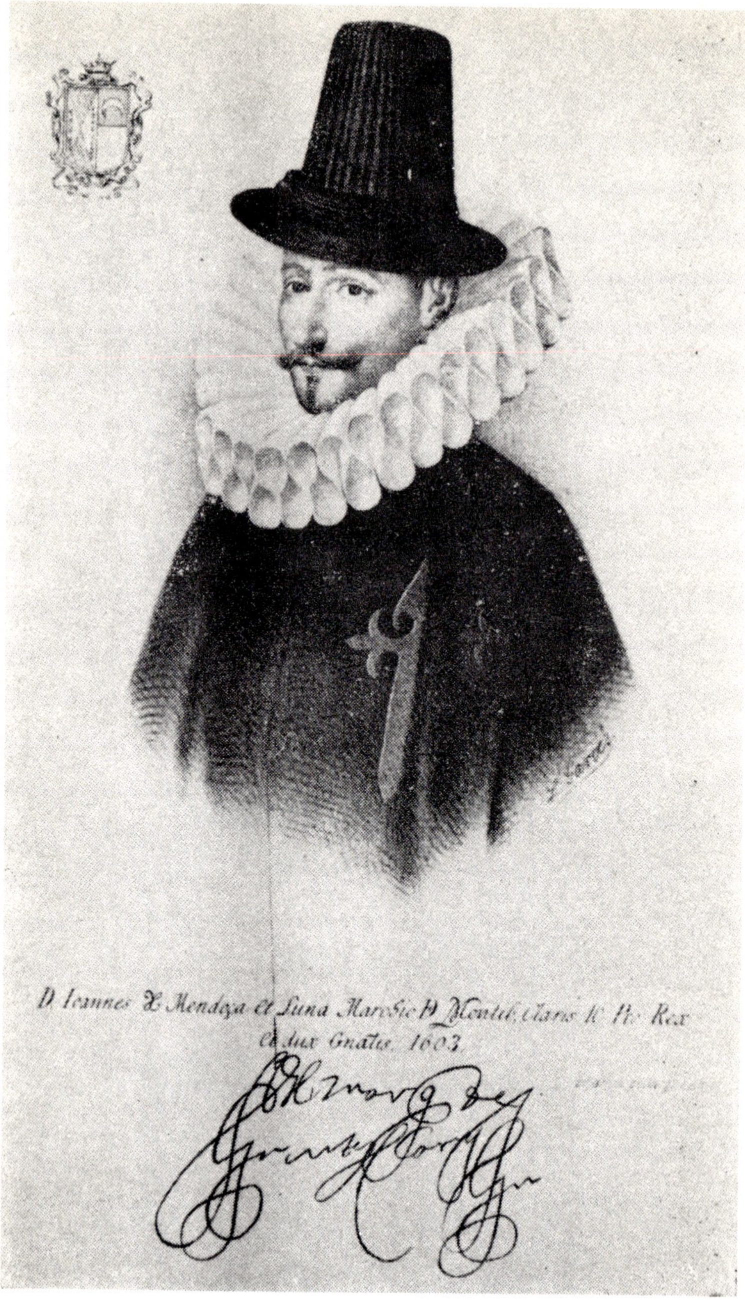

12. Virrey de principios del siglo XVII

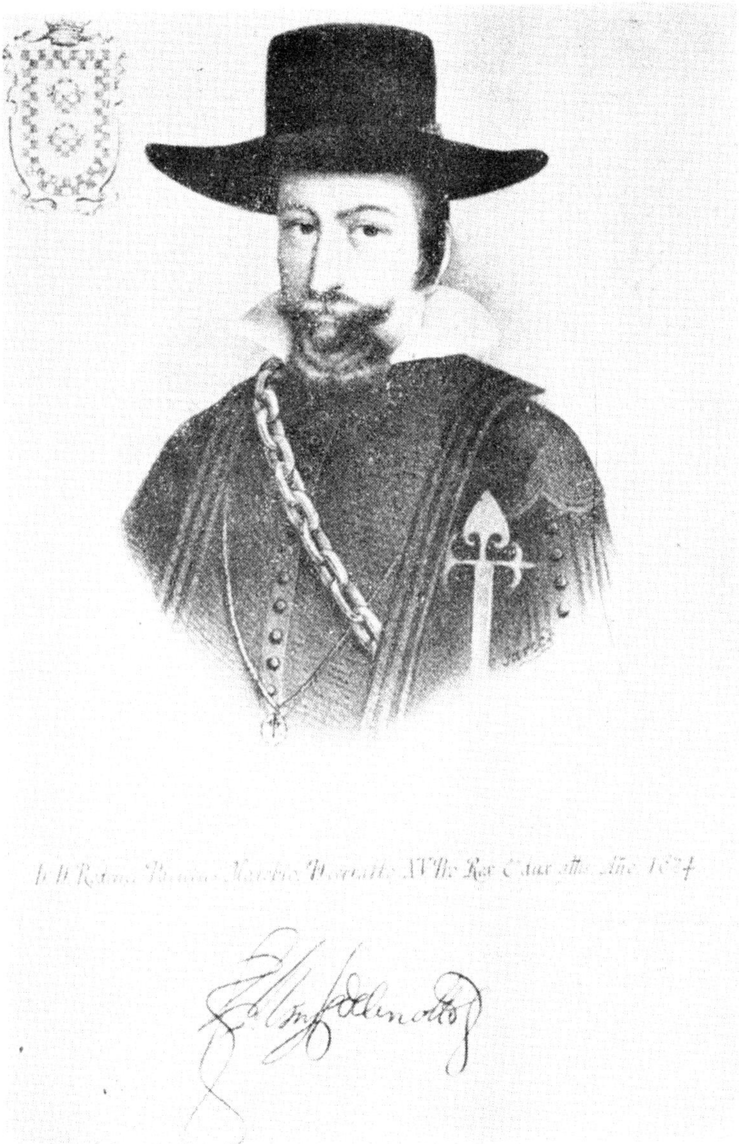

13. Virrey del año de 1625

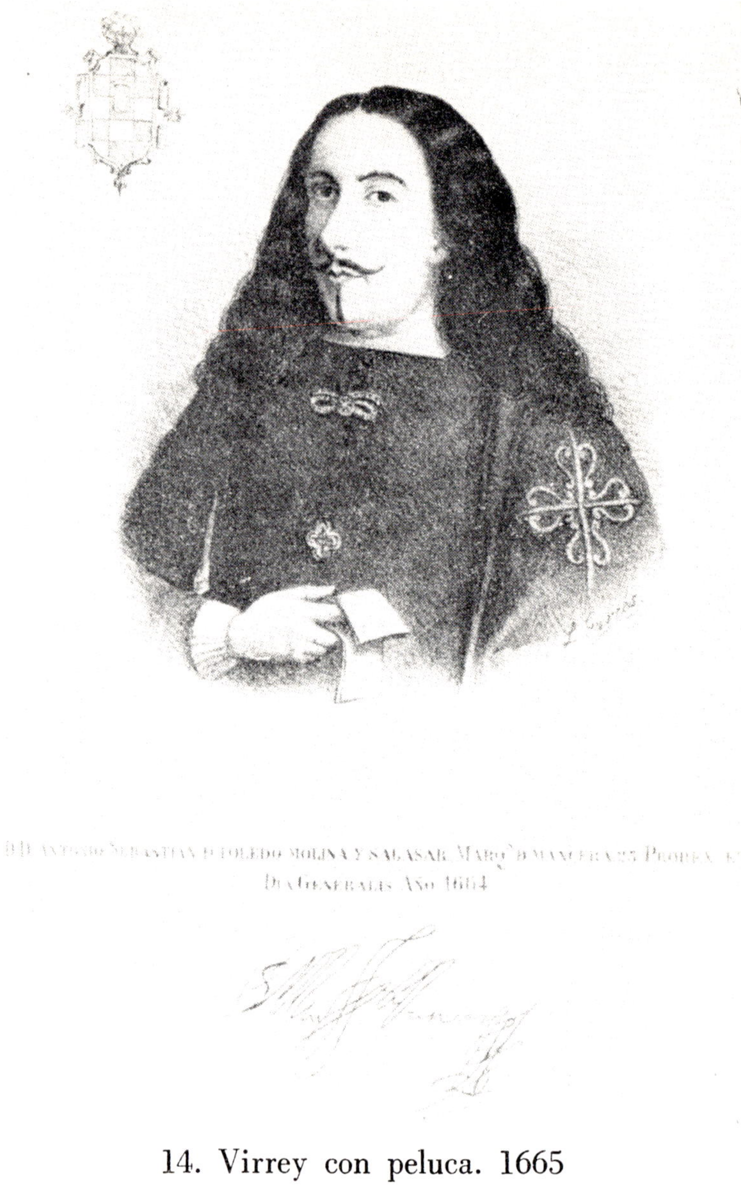

14. Virrey con peluca. 1665

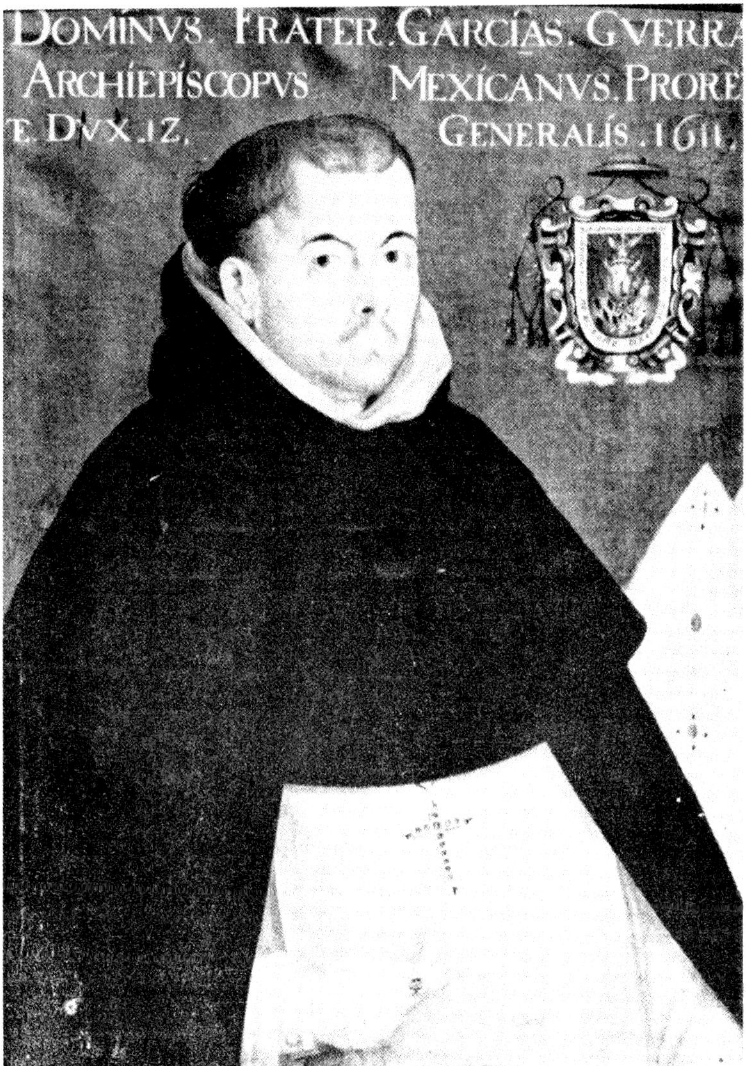

15. Arzobispo Dominico. 1610

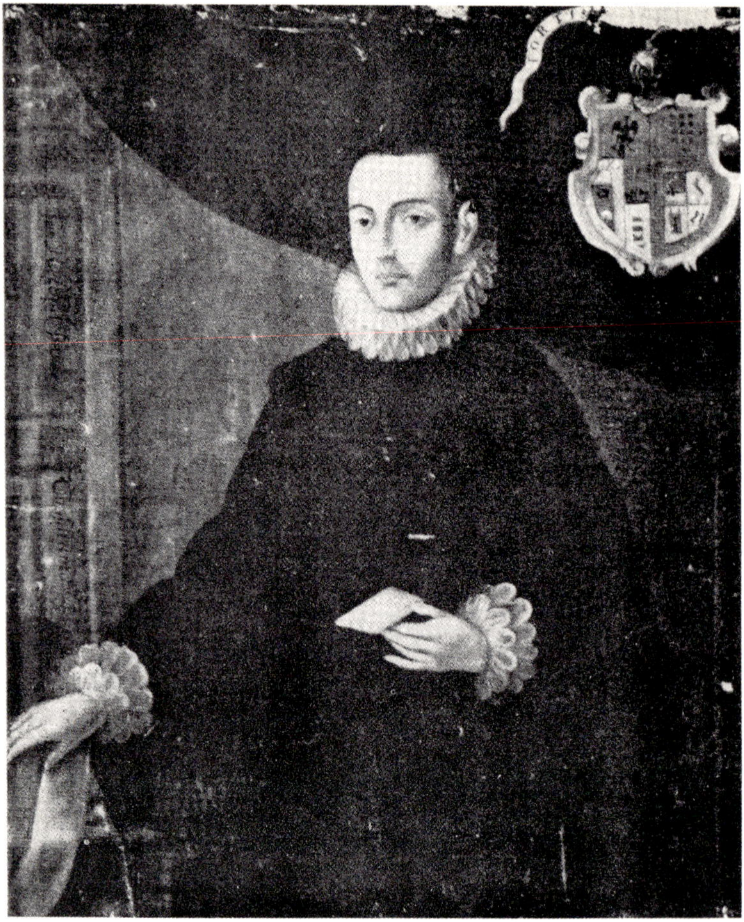

16. Estudiante laico

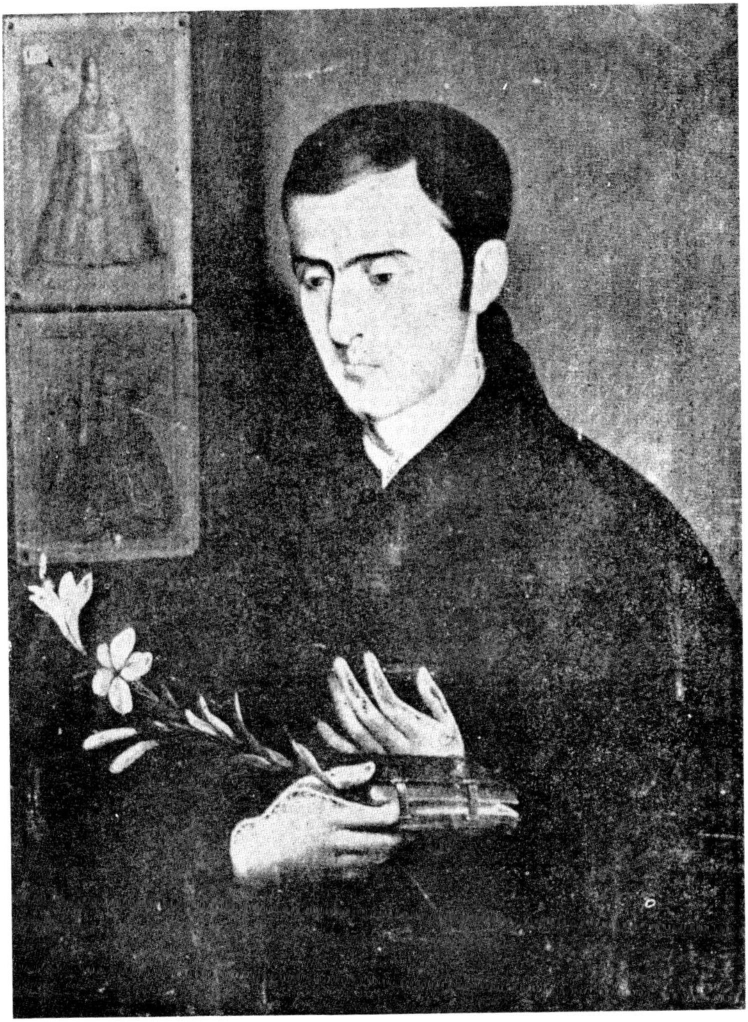

17. Estudiante religioso

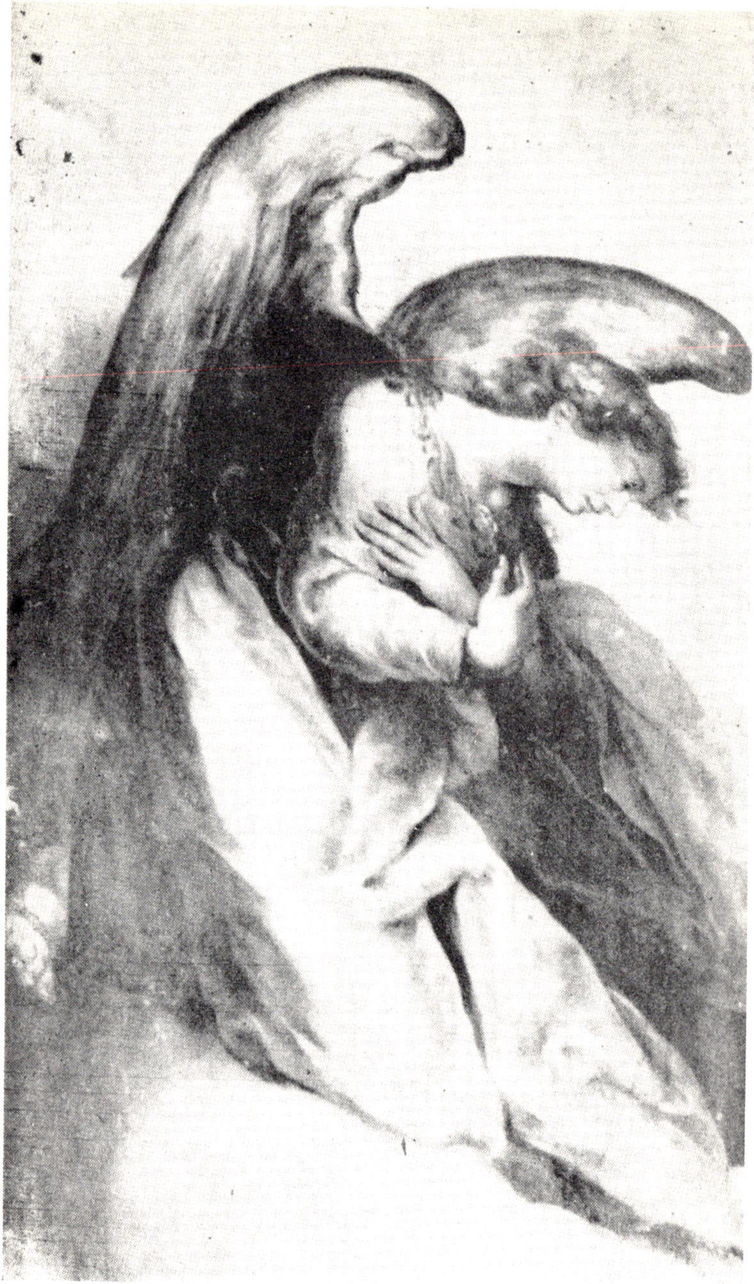

18. Ángel, por Villalpando. 1680. Catedral.

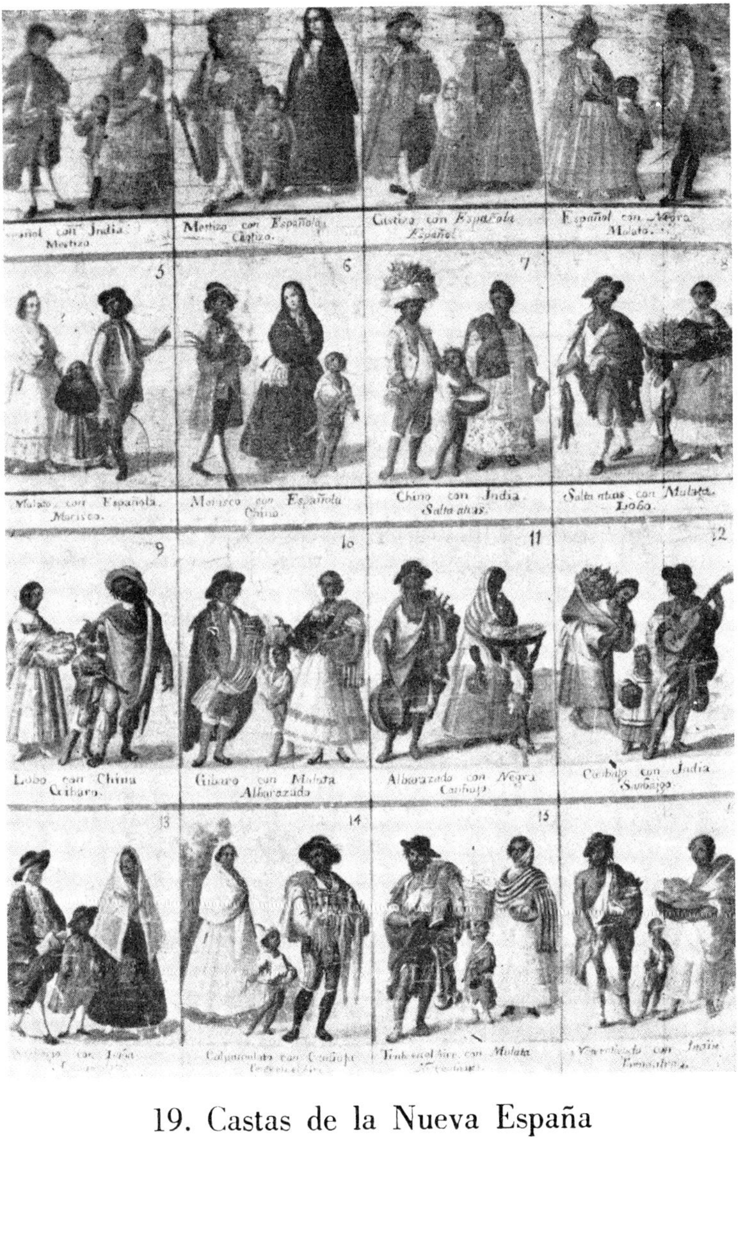

19. Castas de la Nueva España

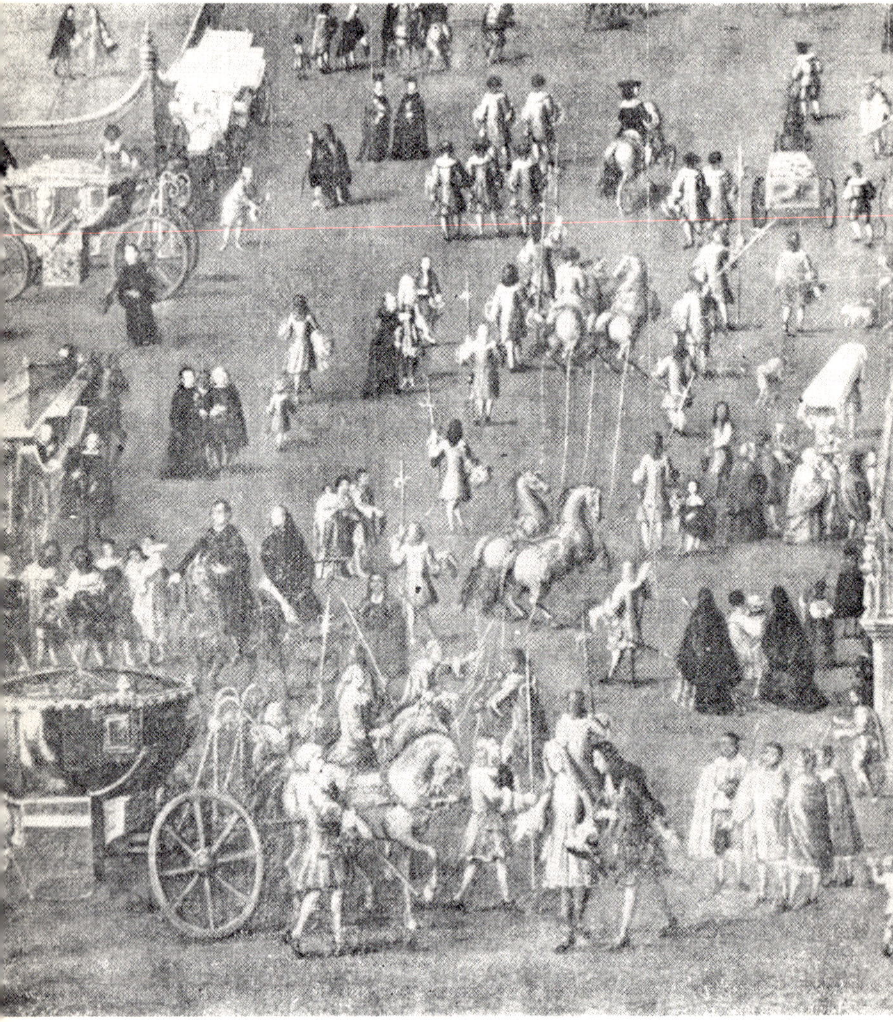

20. Carroza del virrey, por Villalpando

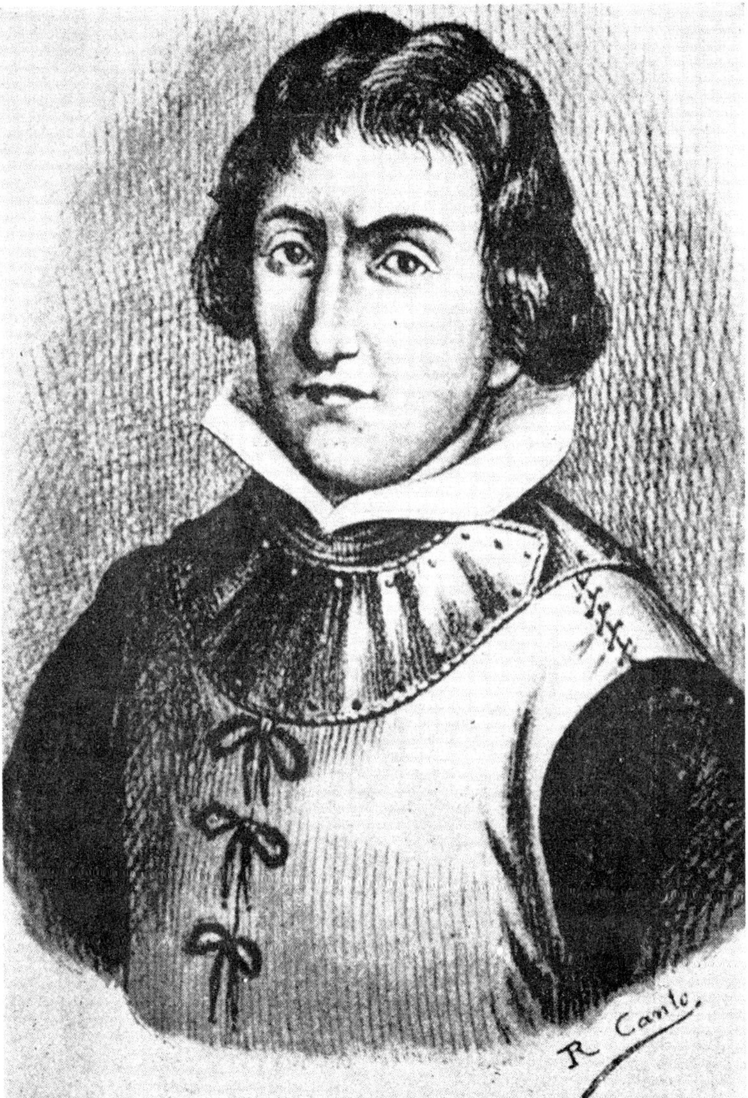

21. La Monja Alférez

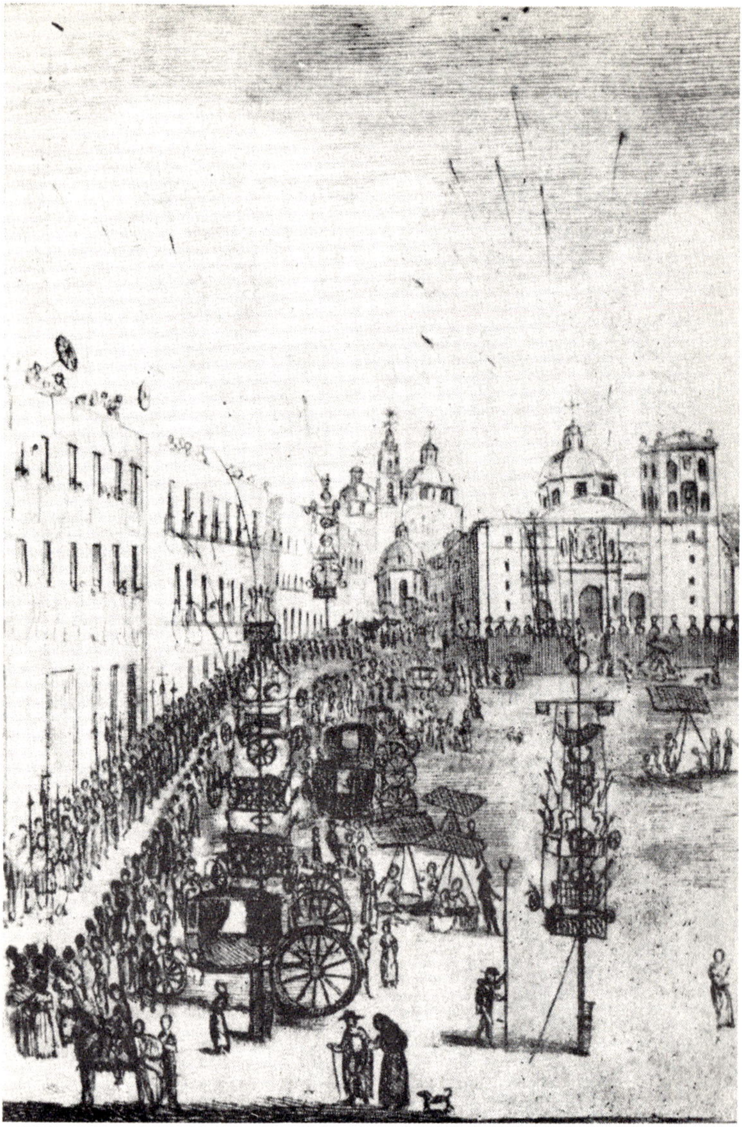

22. La Catedral en el siglo XVII

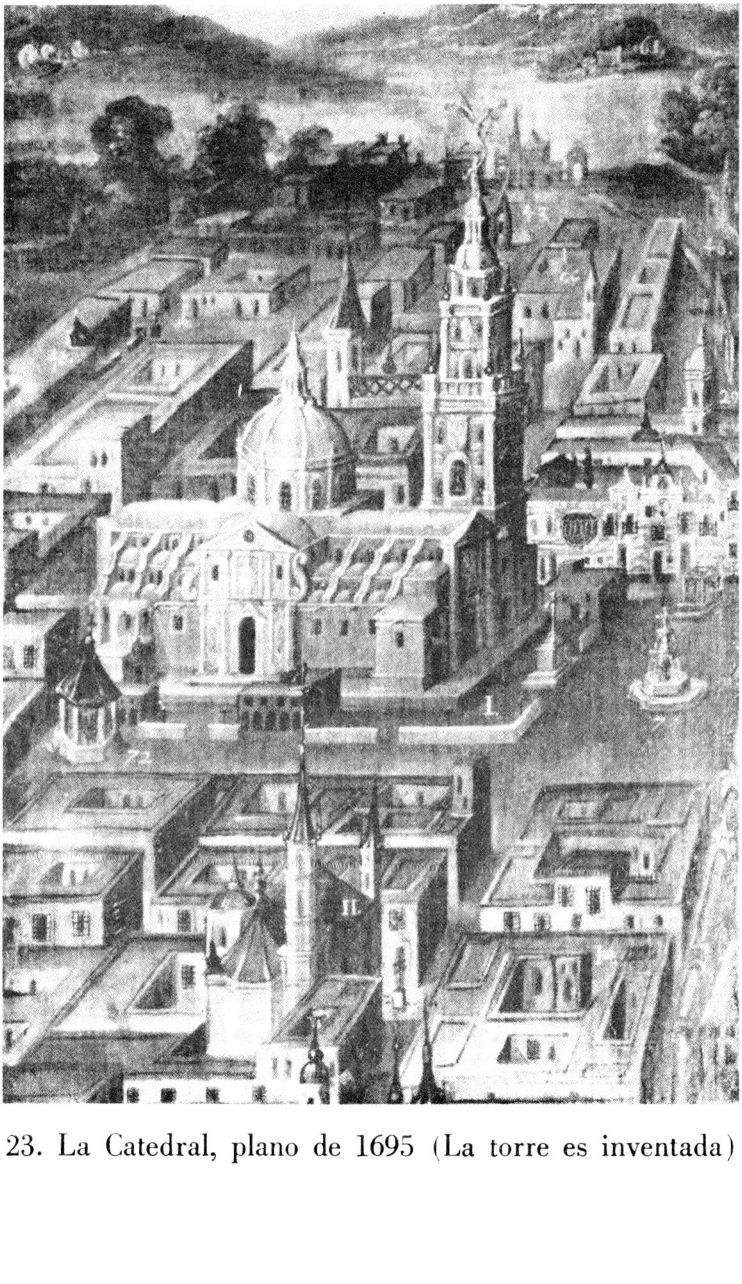

23. La Catedral, plano de 1695 (La torre es inventada)

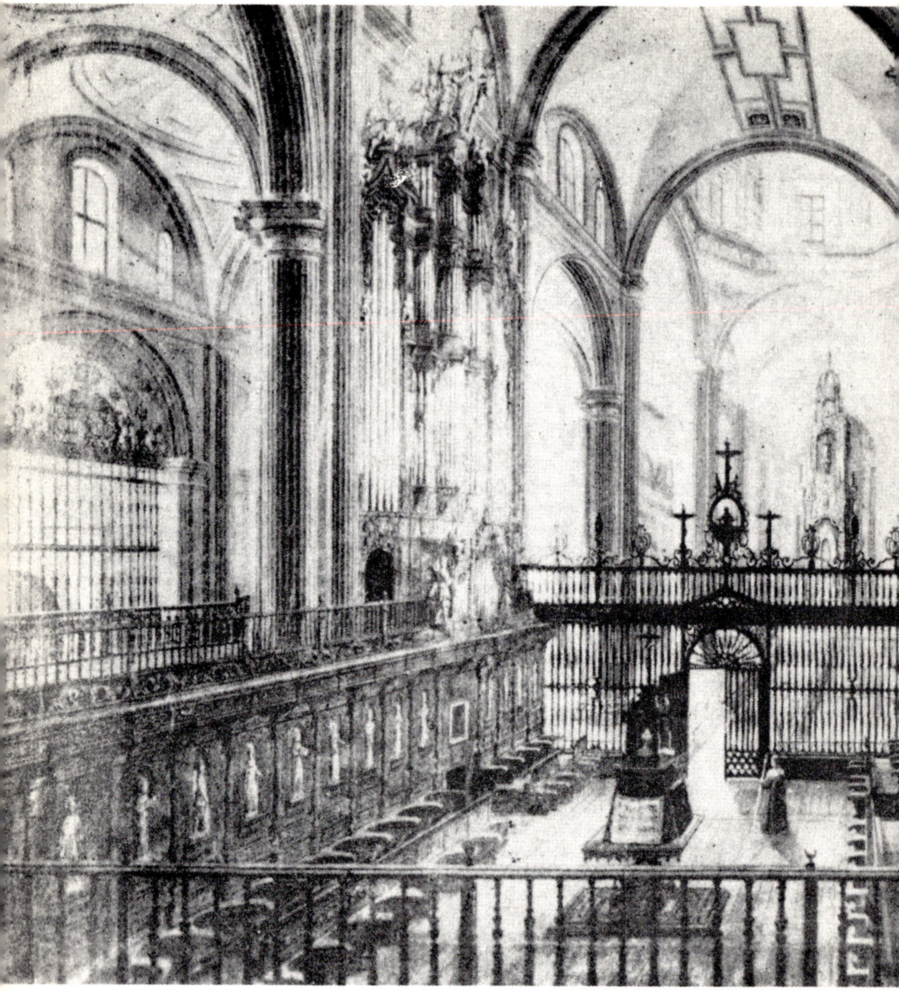

24. Catedral. Litografía de Gualdi

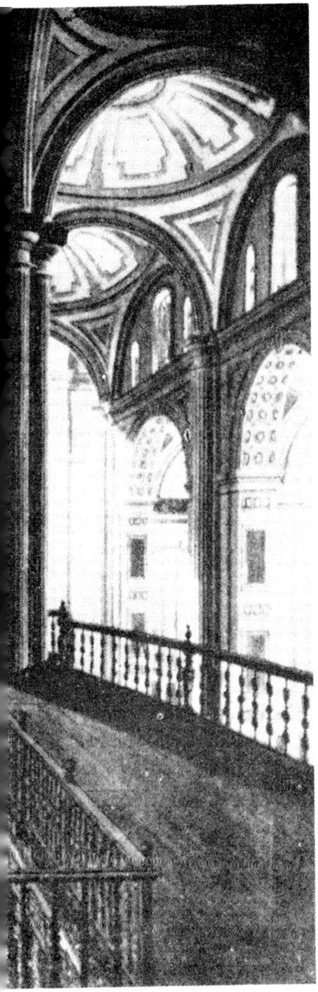

25. Catedral. Portada con Salomónico

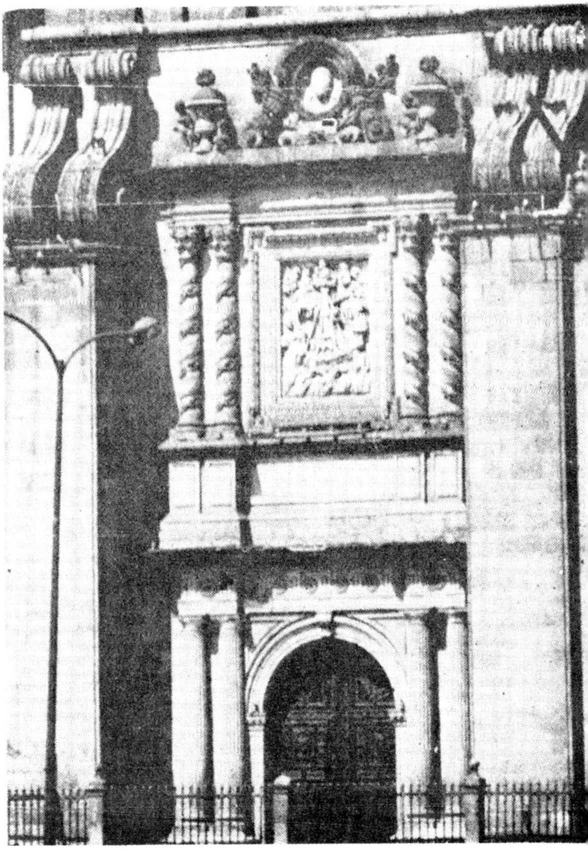

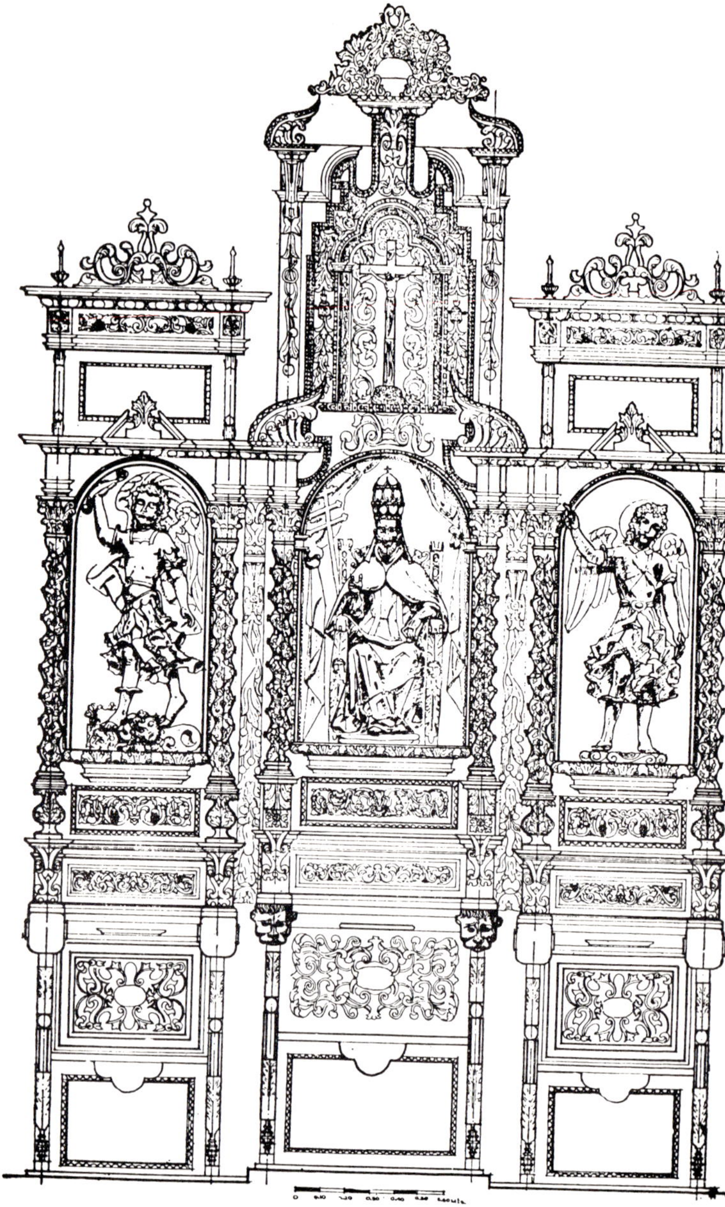

DETALLE DE LA SILLERIA DEL CORO

26. Catedral. Sillería del coro

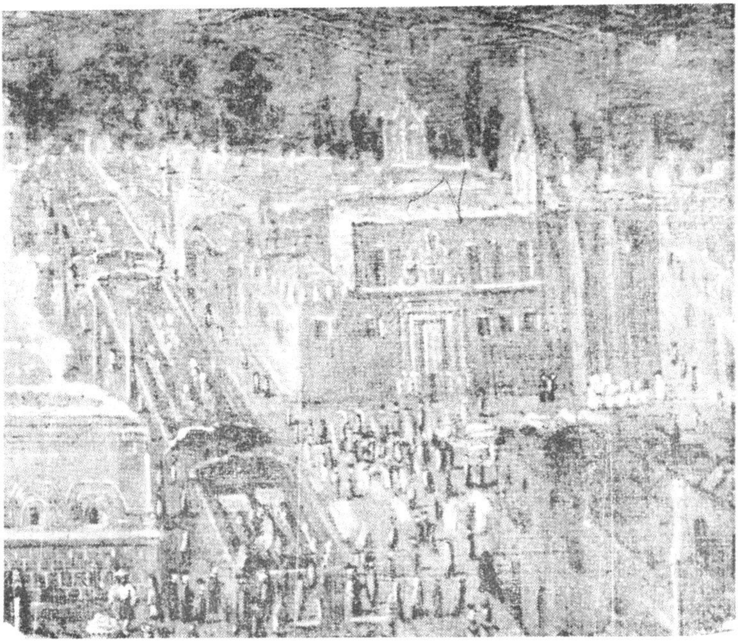

27 A. Universidad en el siglo XVII

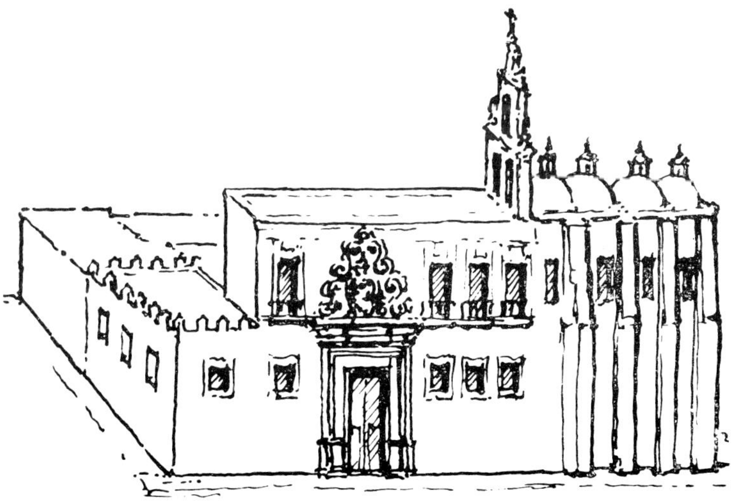

27 B. Id. Dibujo por M. González Galván

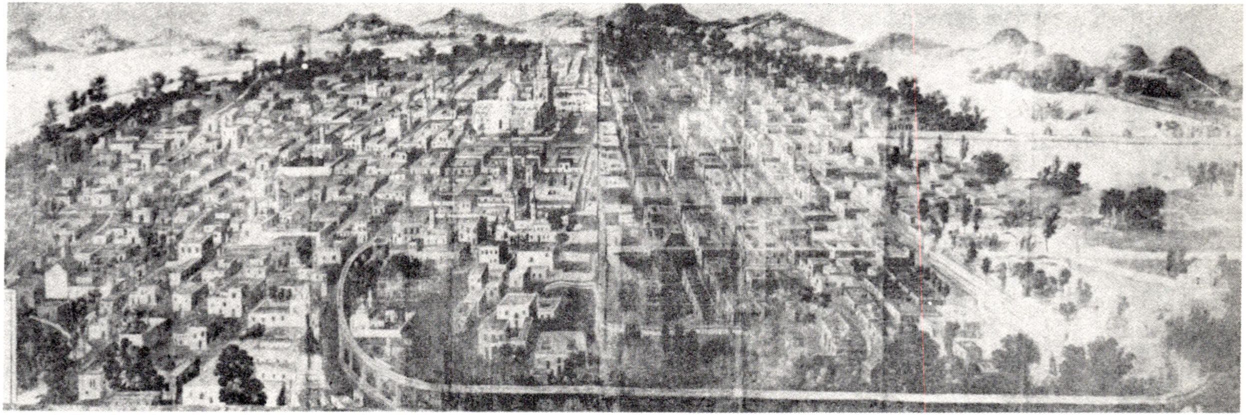

28. La Ciudad de México en 1695

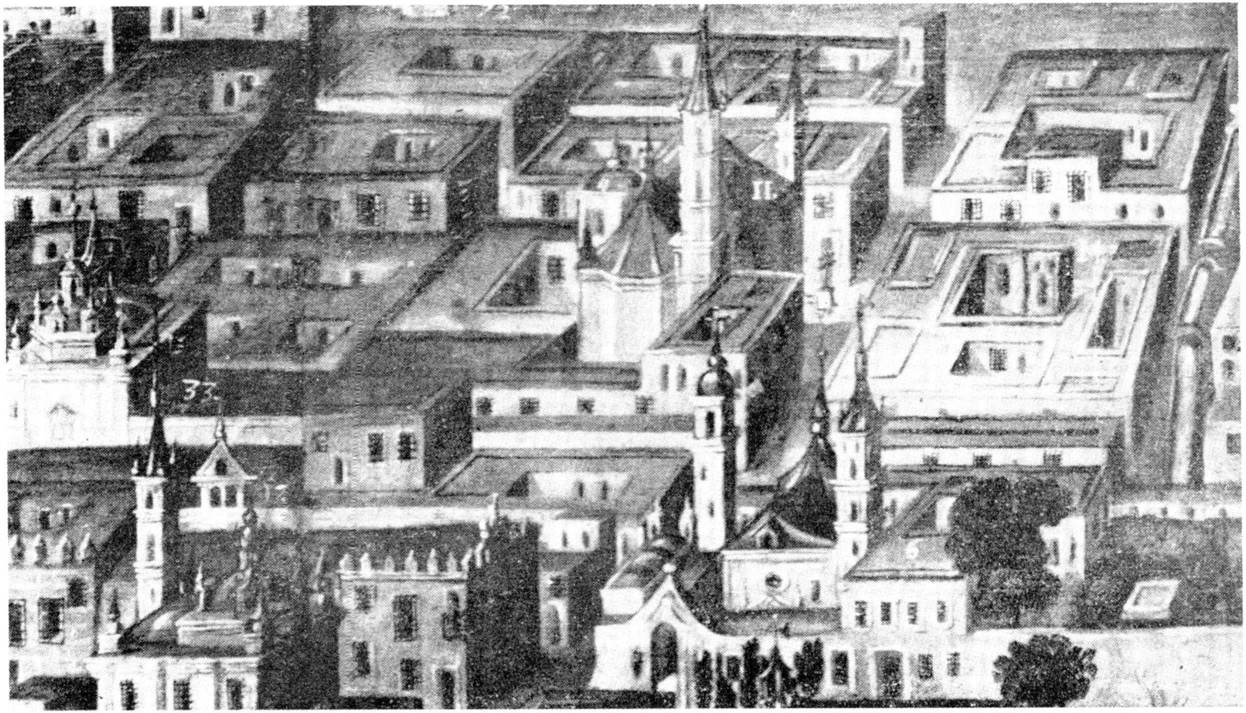

29. Plano de 1695. De Santa Clara (izquierda) a San Francisco

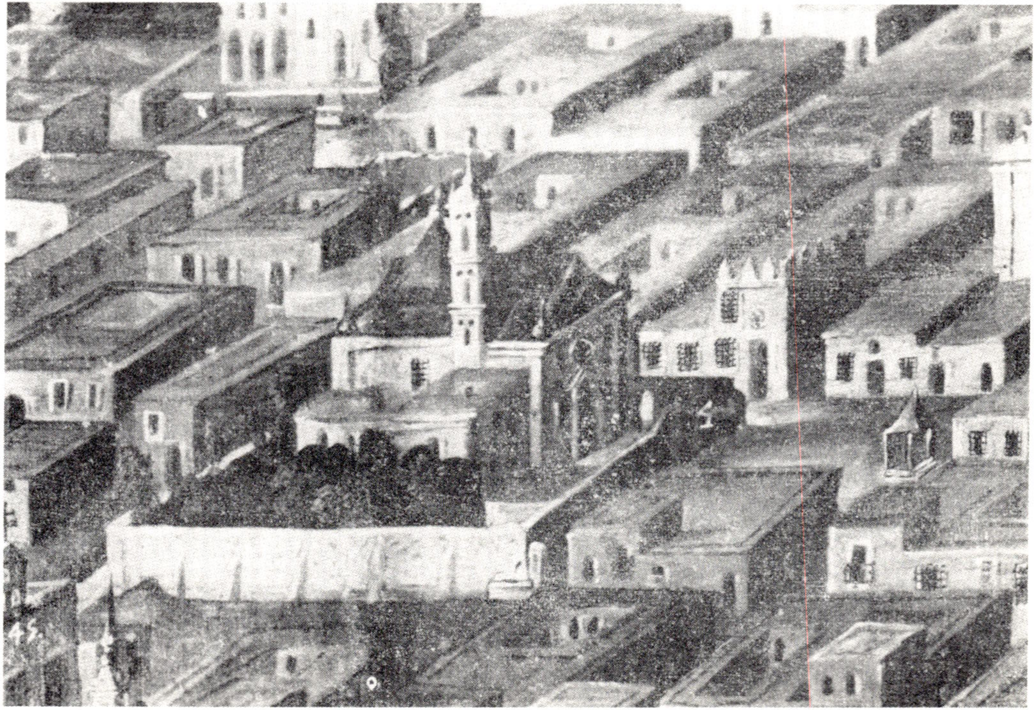

30. Plano de 1695. Santo Domingo. La Inquisición.

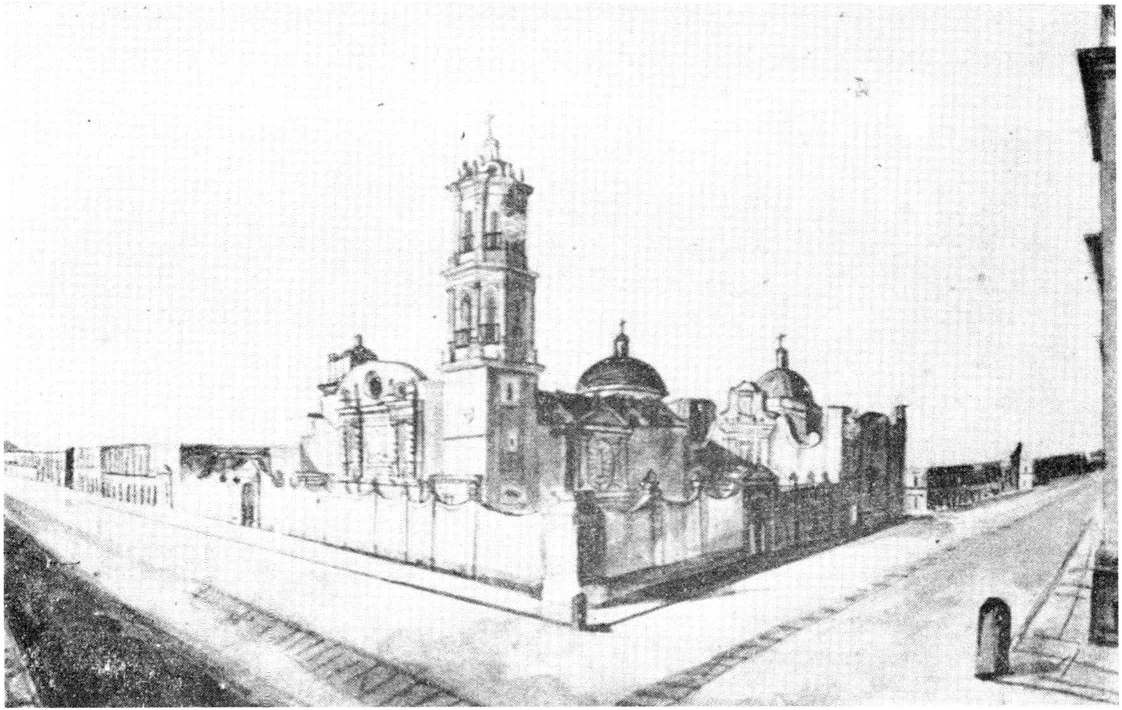

31. San Agustín, acuarela del siglo XIX

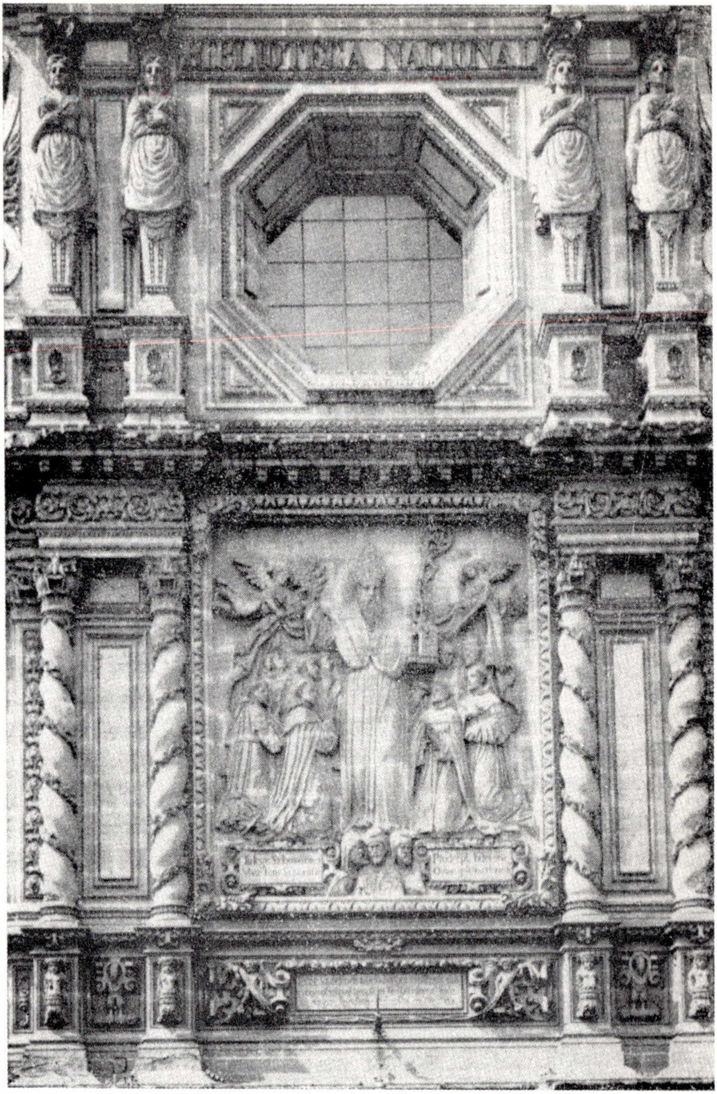

32. San Agustín, hoy Biblioteca Nacional

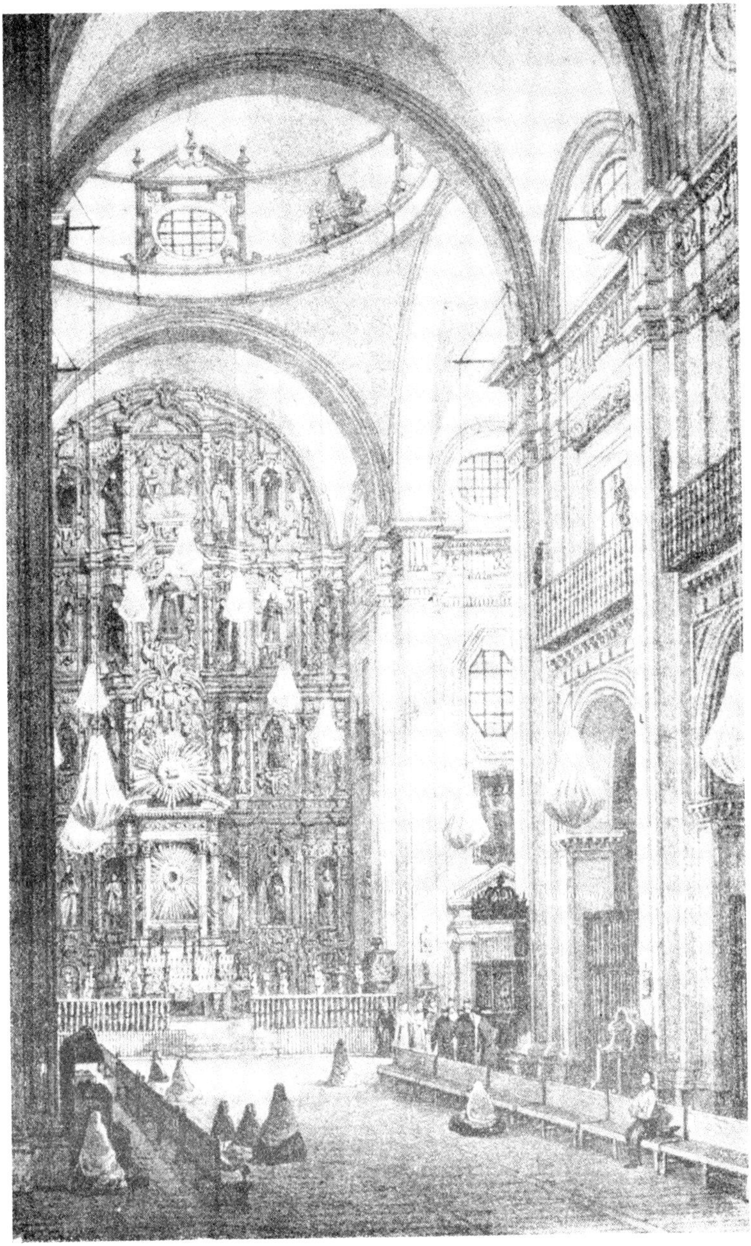

33. San Agustín. Antiguo retablo (destruido)

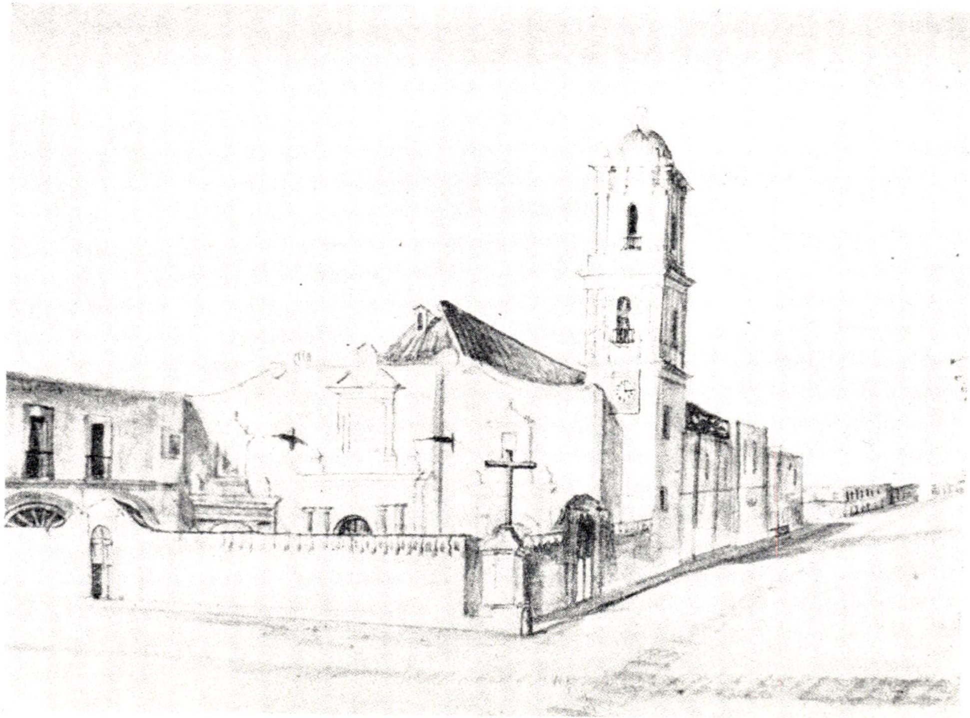

34. La Merced. Acuarela del siglo XIX. (destruida)

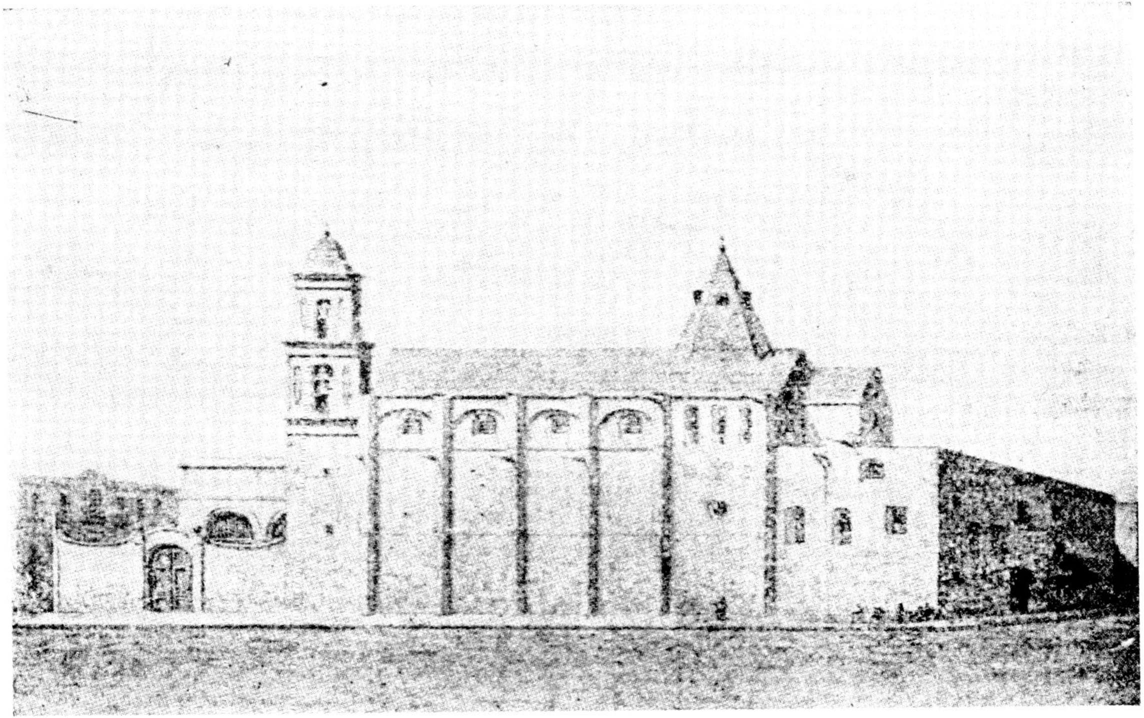

35. La Merced. Fotografía antigua

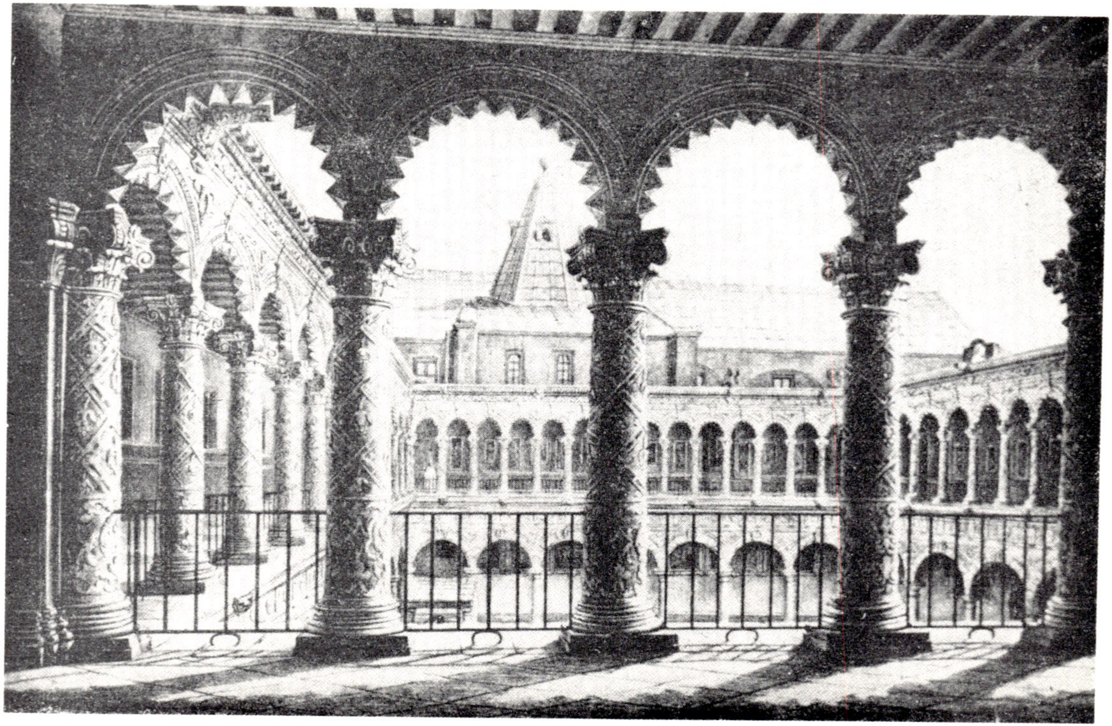

36. La Merced. Claustro. Litografía

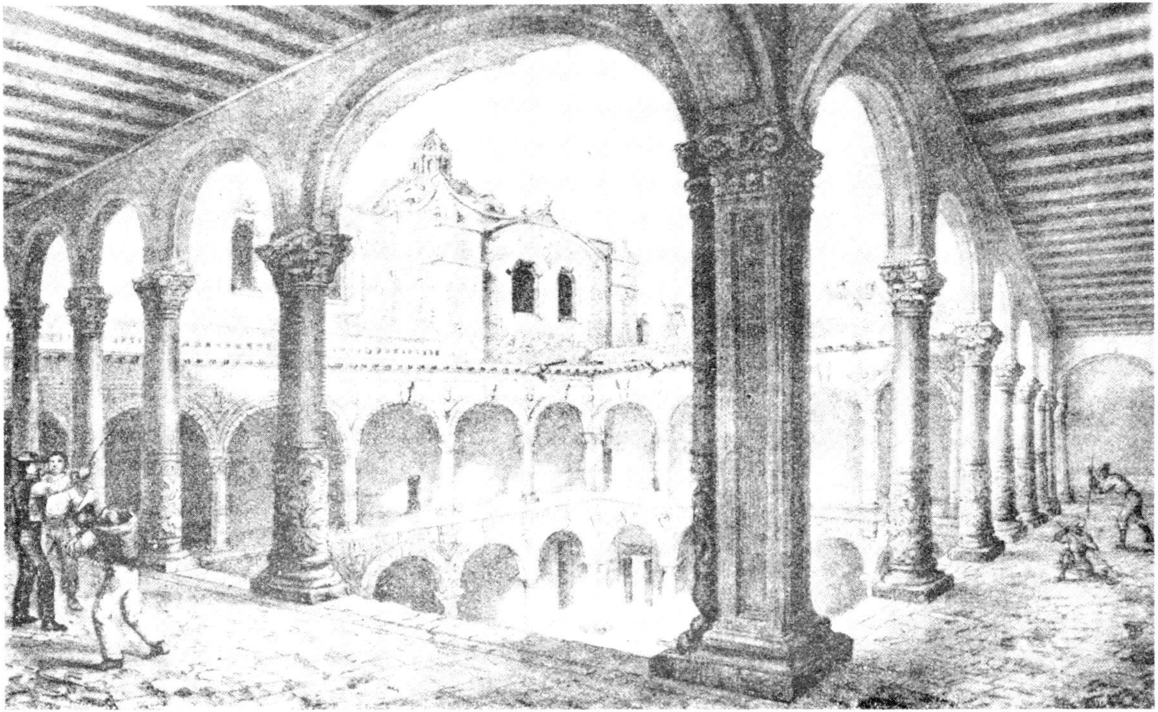

37. San Francisco. Claustro. Litografía

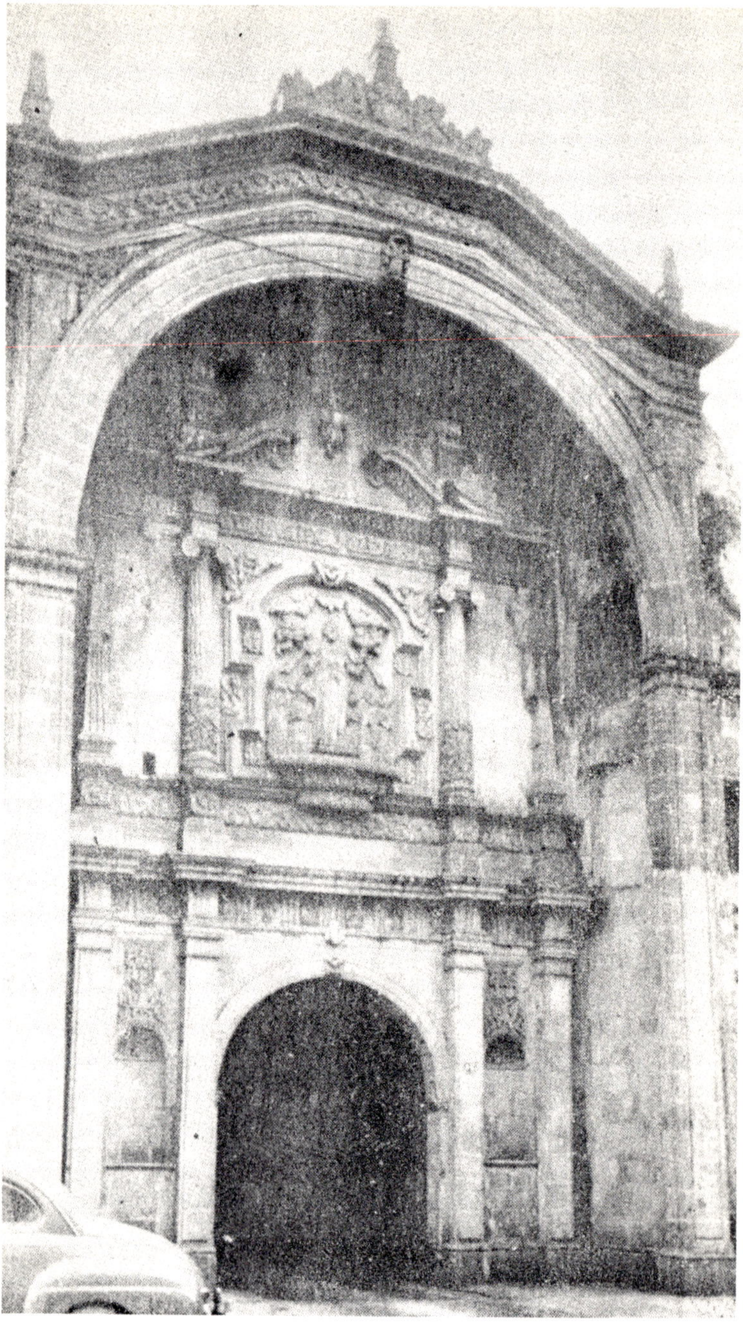

38. San Felipe Neri

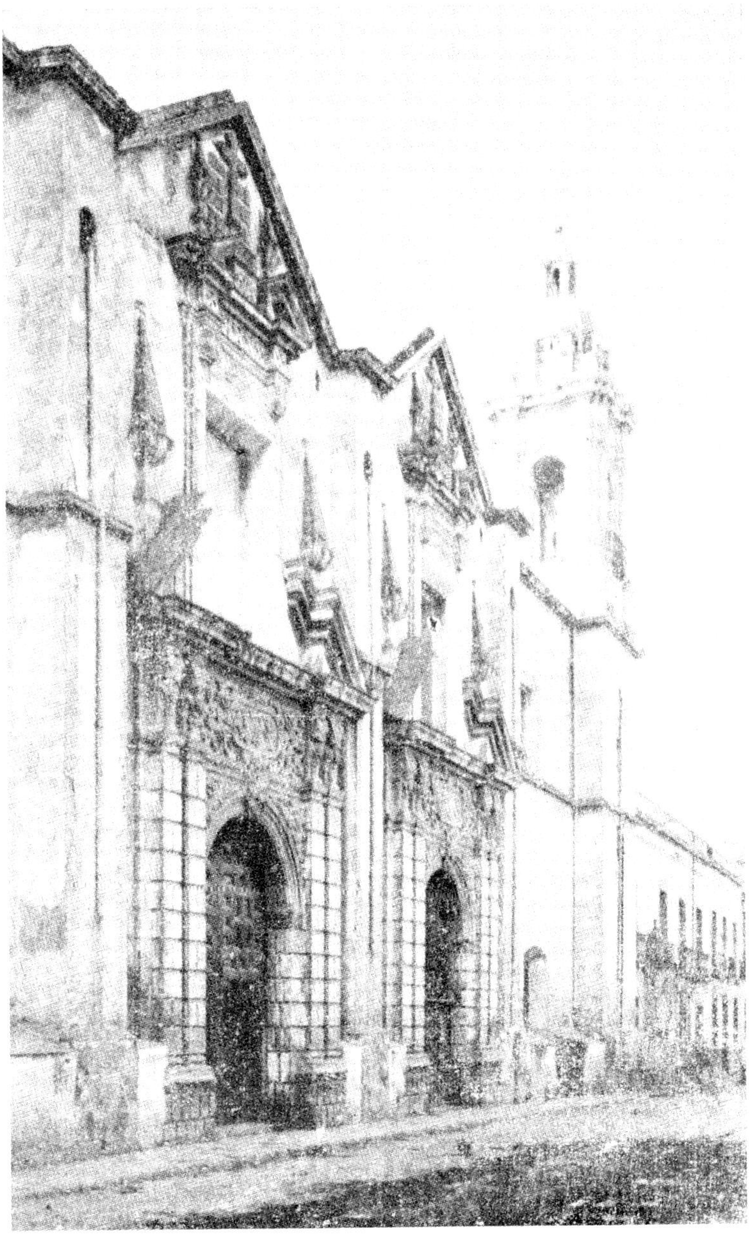

39. San José de Gracia

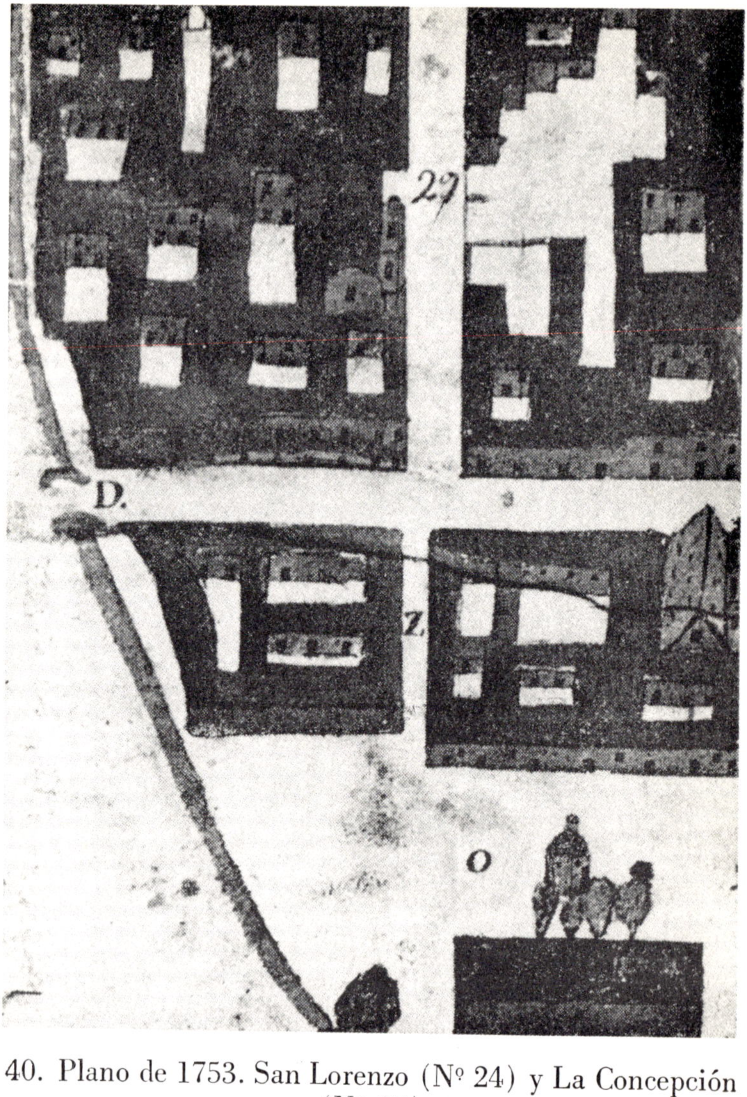

40. Plano de 1753. San Lorenzo (Nº 24) y La Concepción (Nº 25)

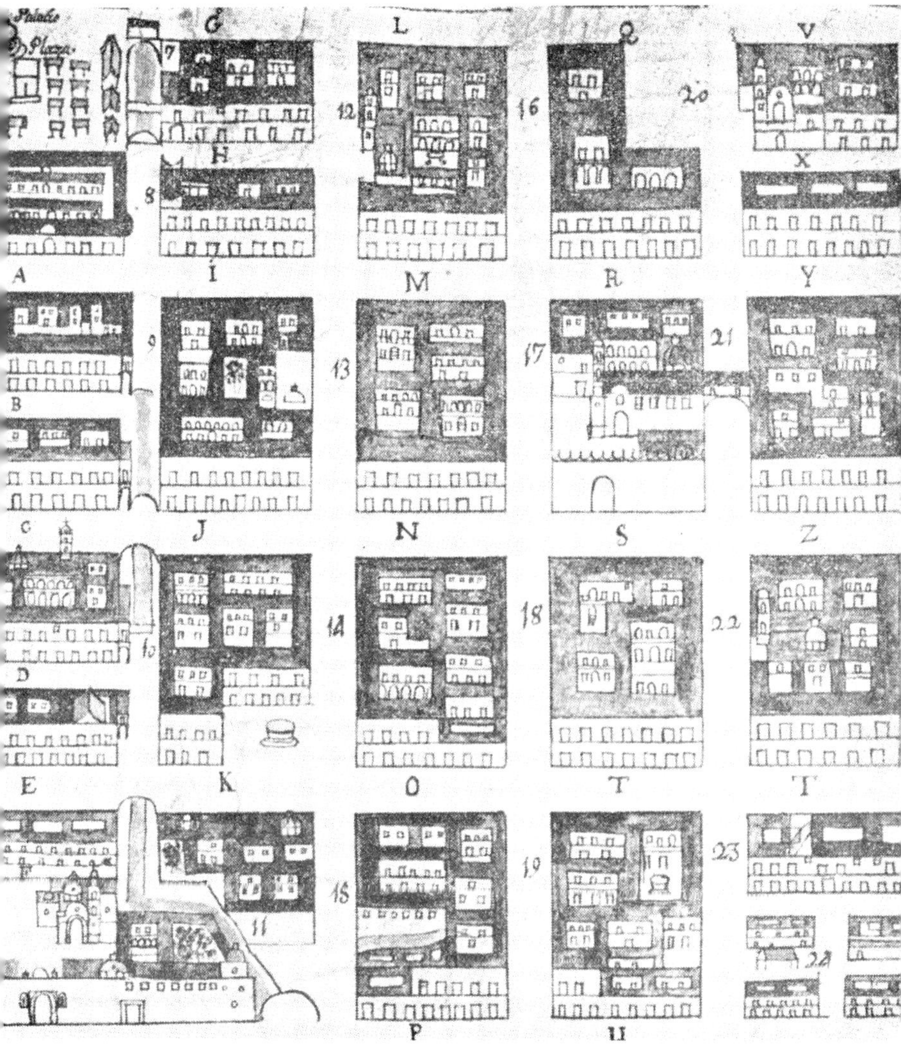

41. Plano de 1753. De la calle de San Francisco (izquierda) a Mesones

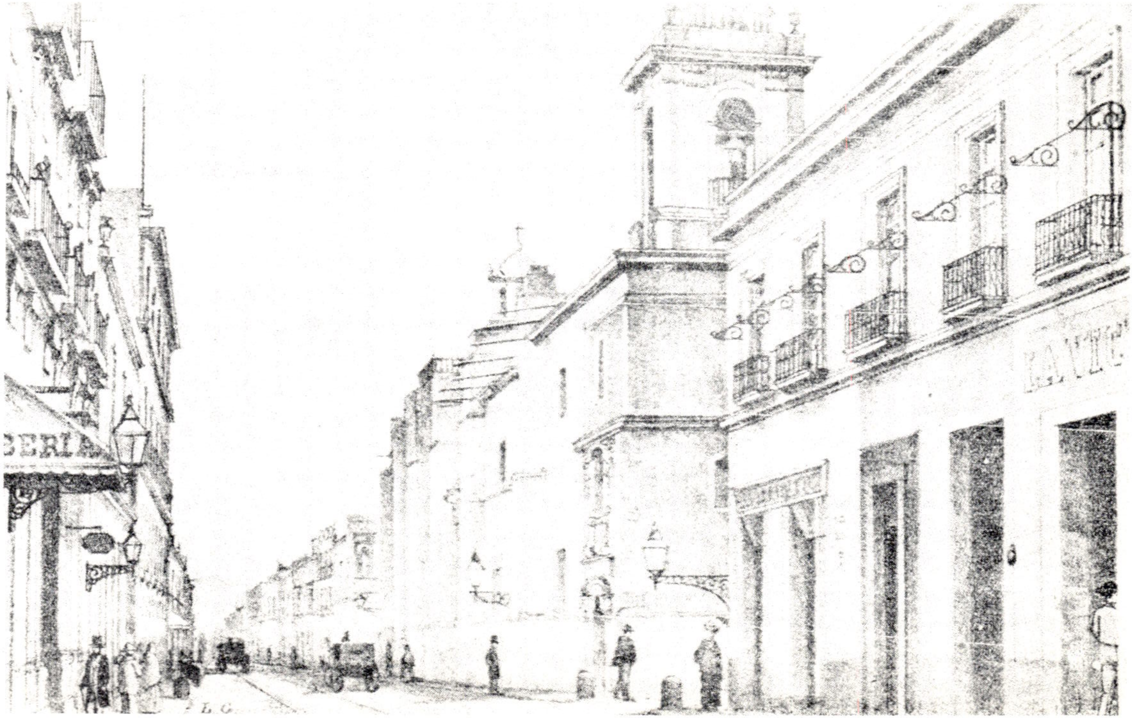

42. Santa Catalina. Litografía

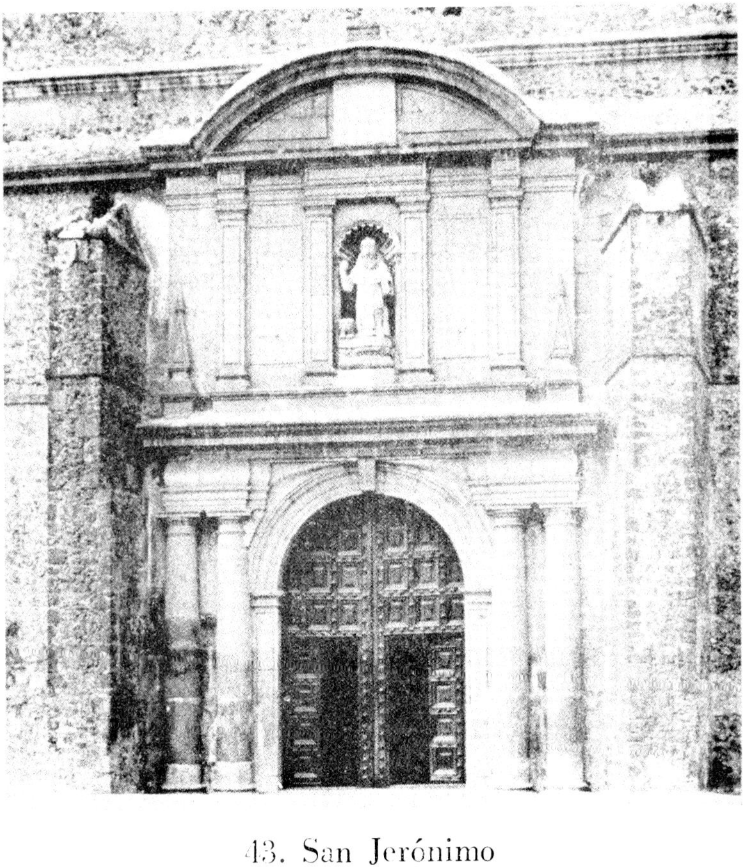

43. San Jerónimo

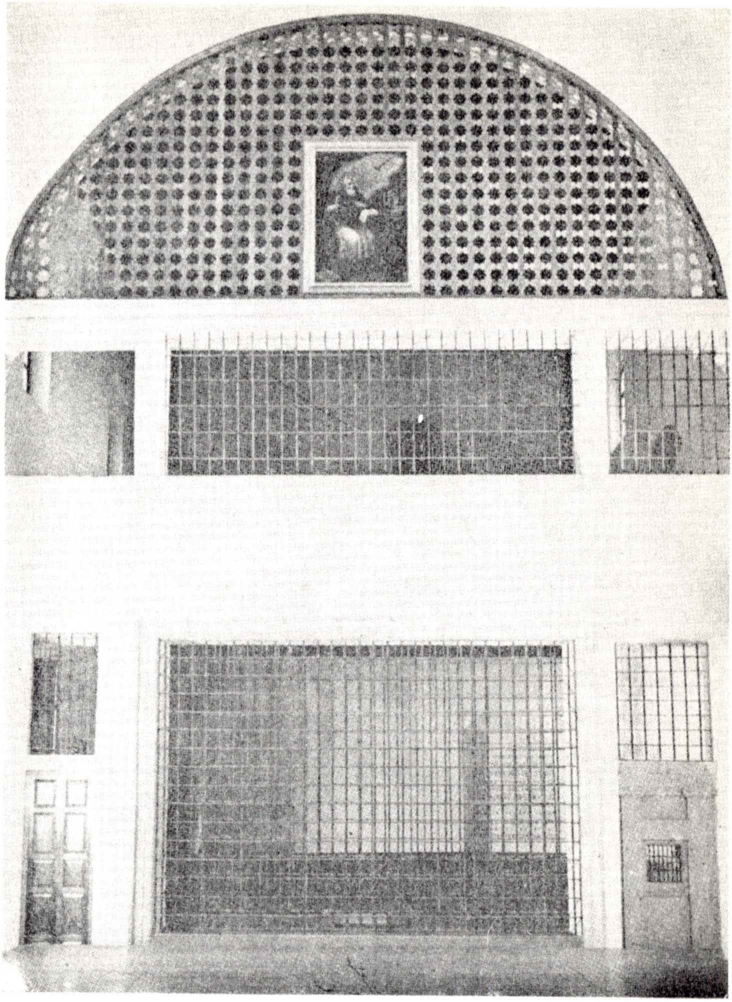

44. San Jerónimo. Coros (Restauración)

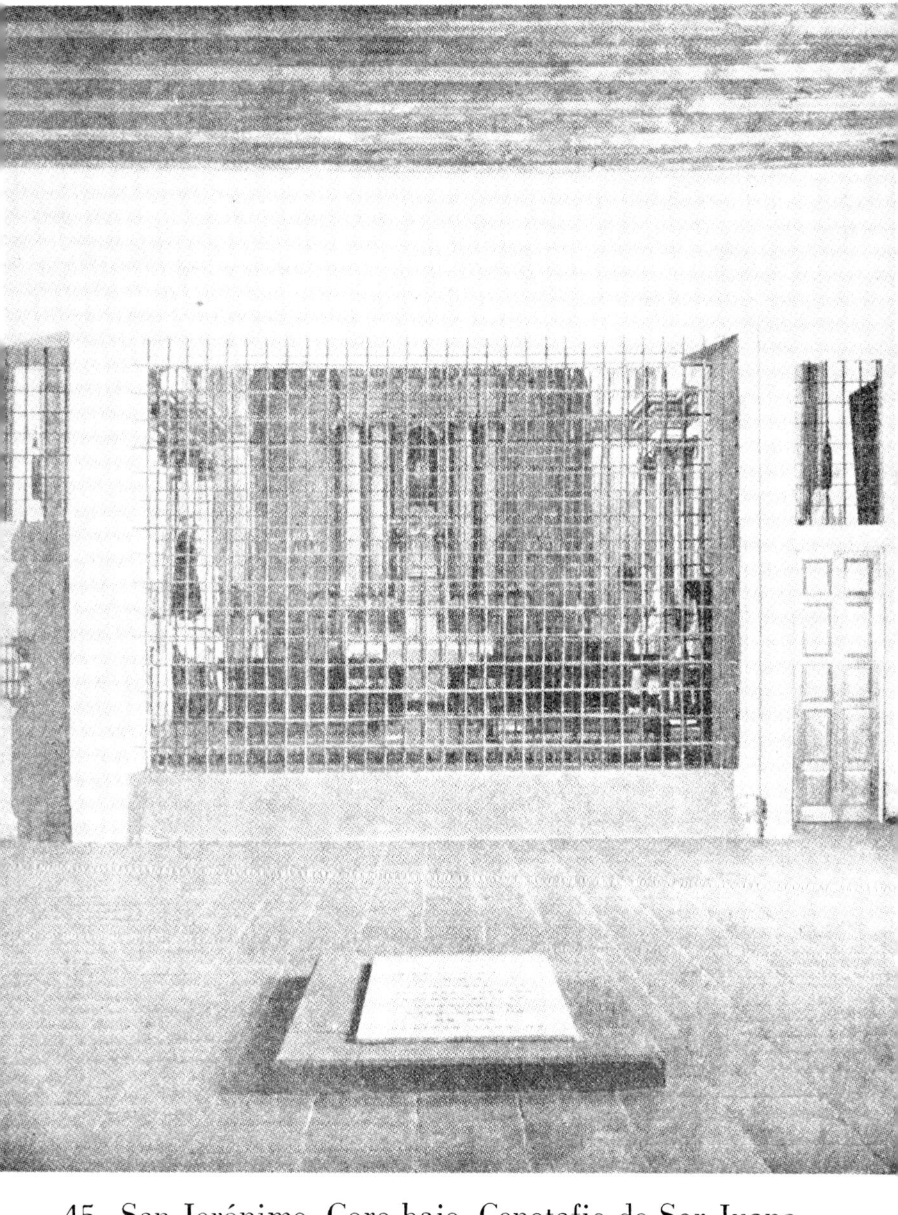

45. San Jerónimo. Coro bajo. Cenotafio de Sor Juana

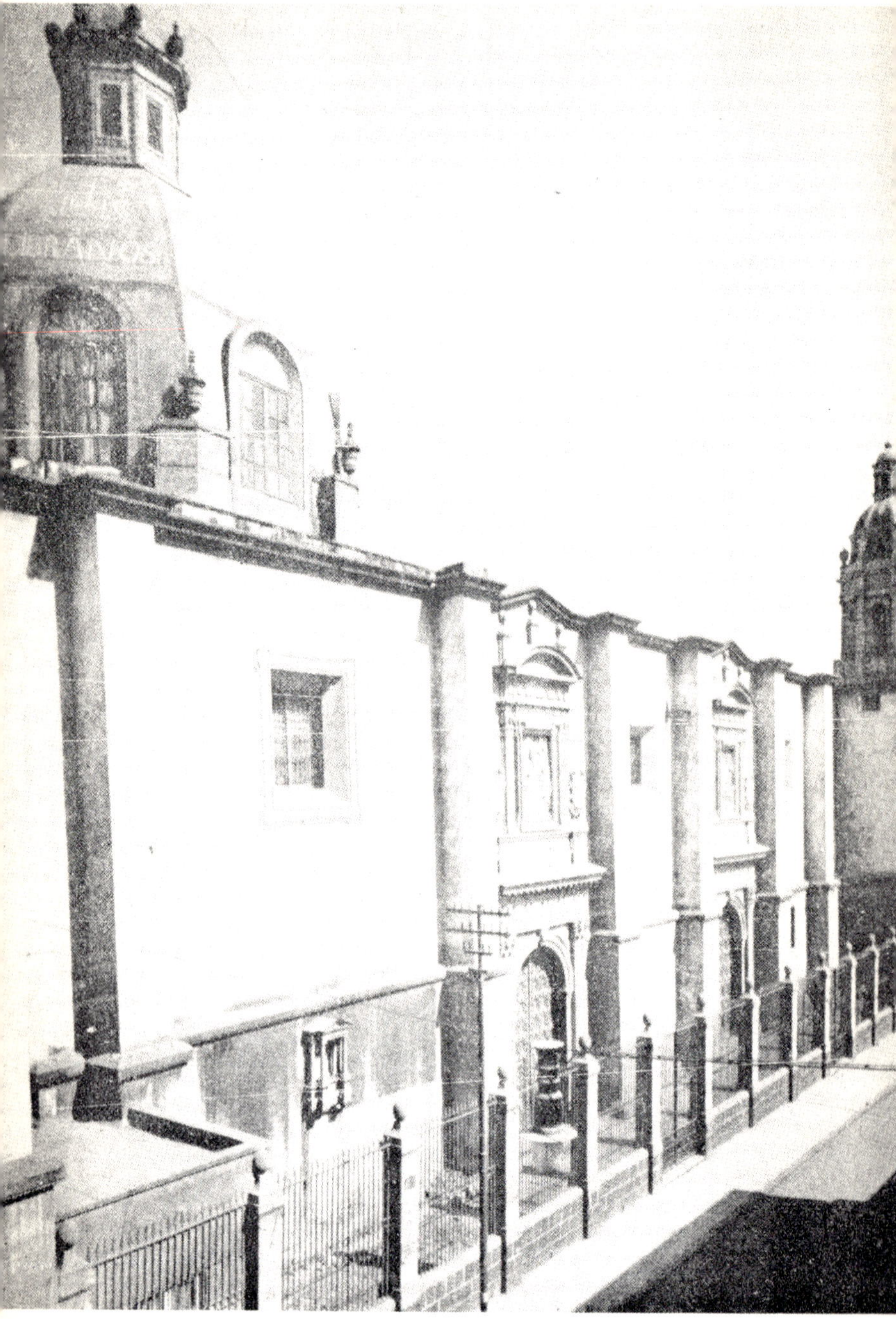

46. La Encarnación

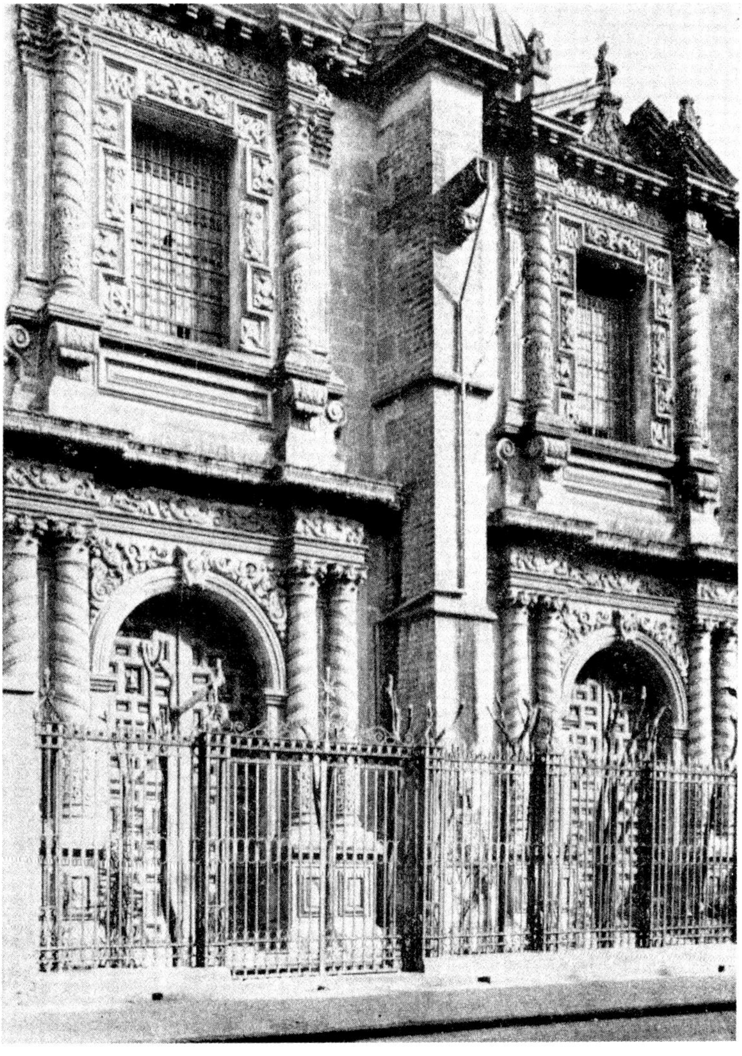

47. Santa Teresa la Antigua

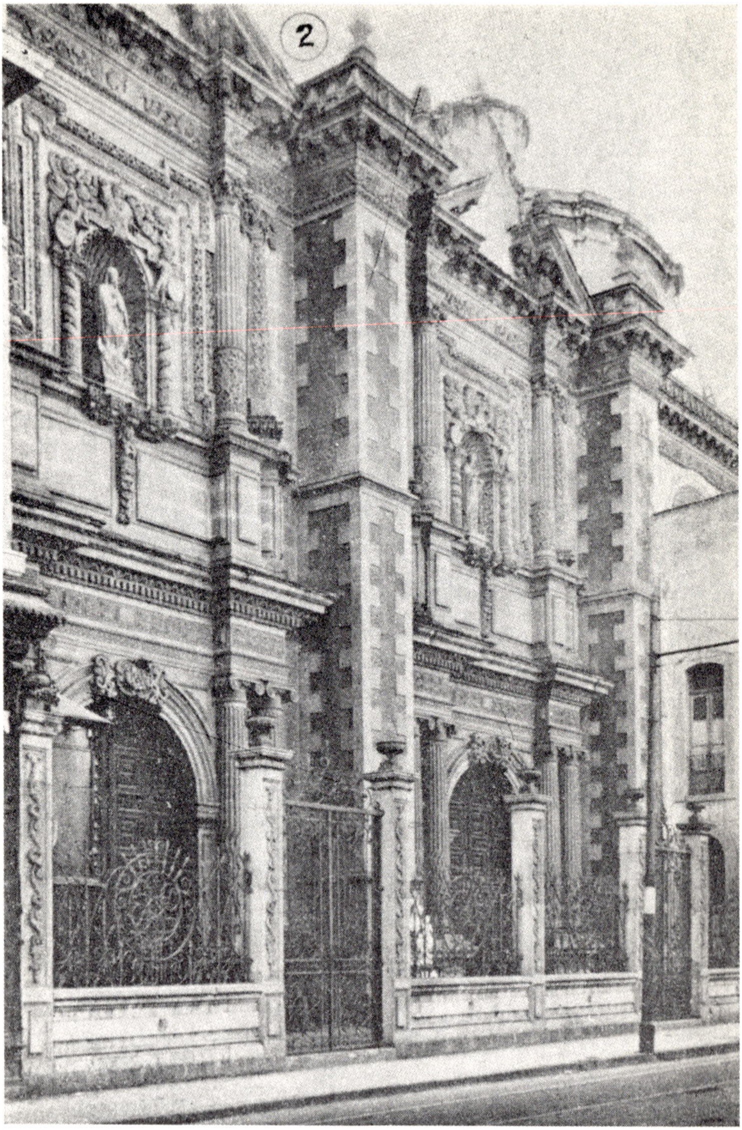

48. San Bernardo (fotografía antigua)

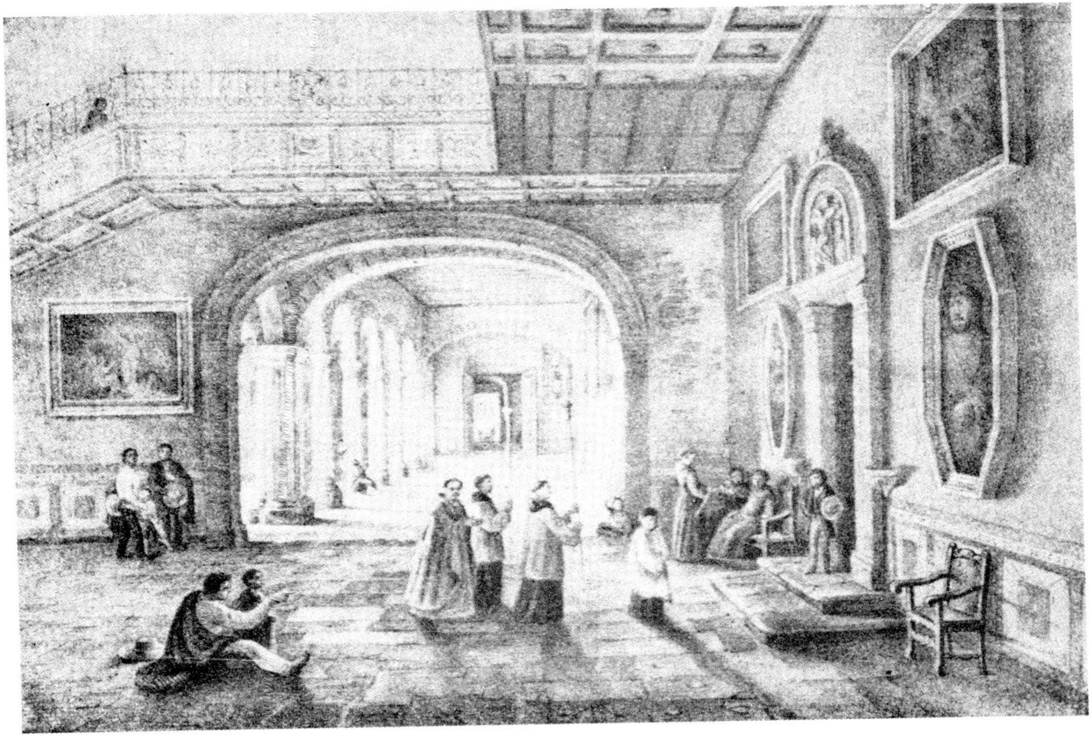

49. San Francisco, Antesacristía (destruida)

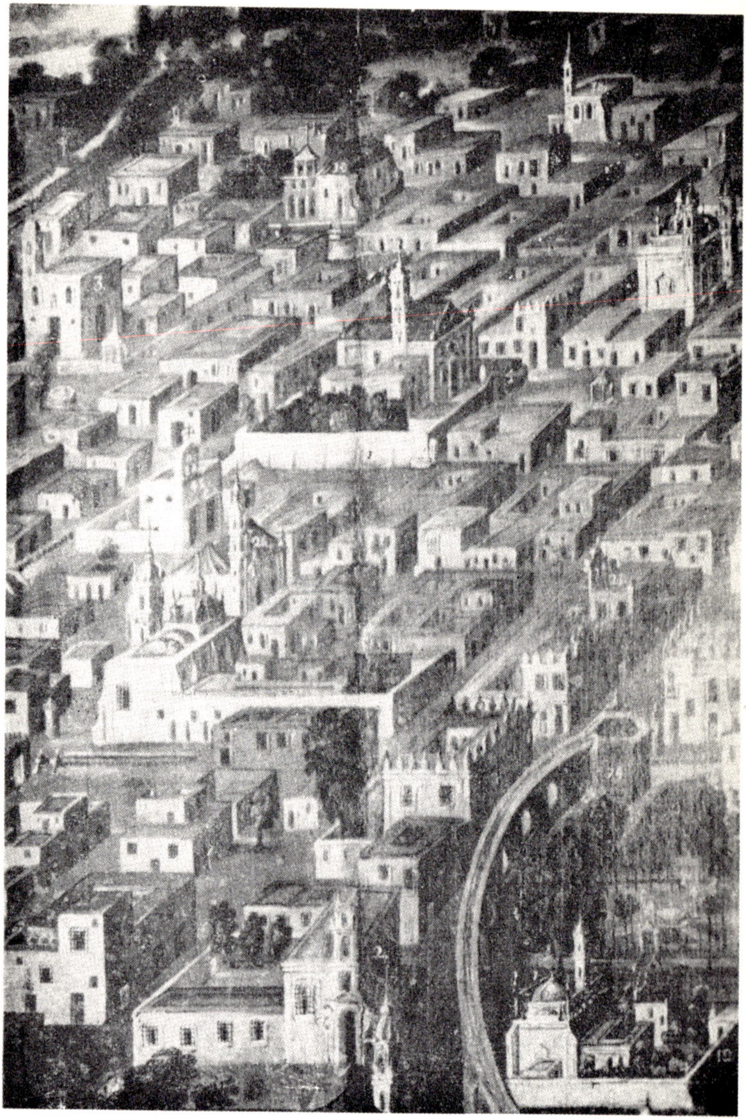

50. Plano de 1695. De San Diego (abajo) al Carmen (arriba)

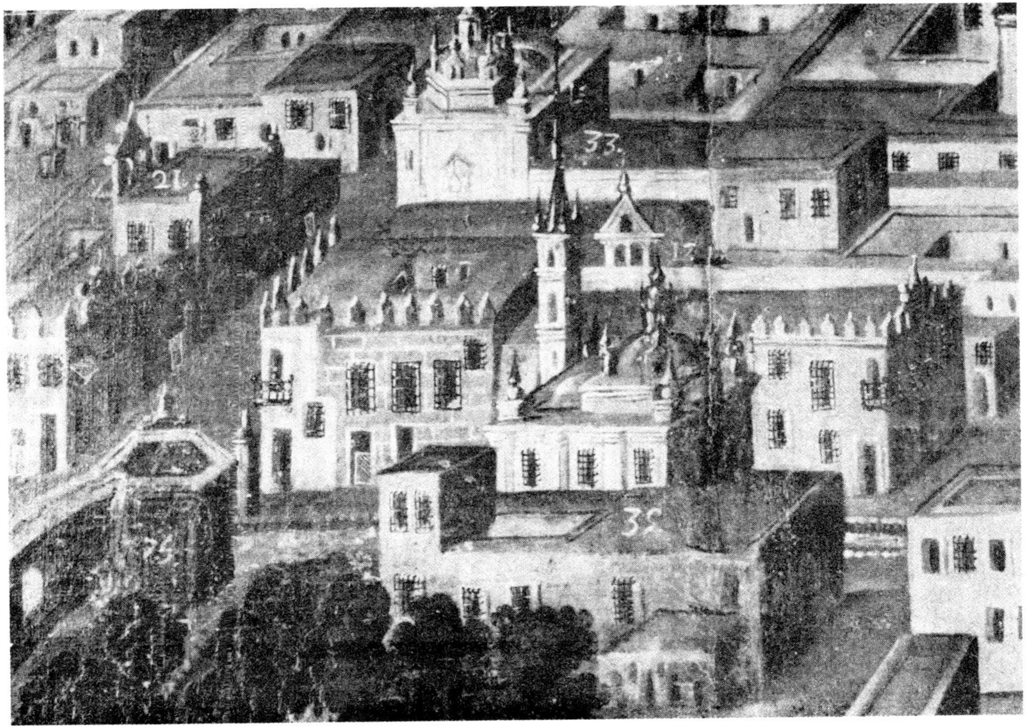

51. Plano de 1695. Santa Isabel. Casas

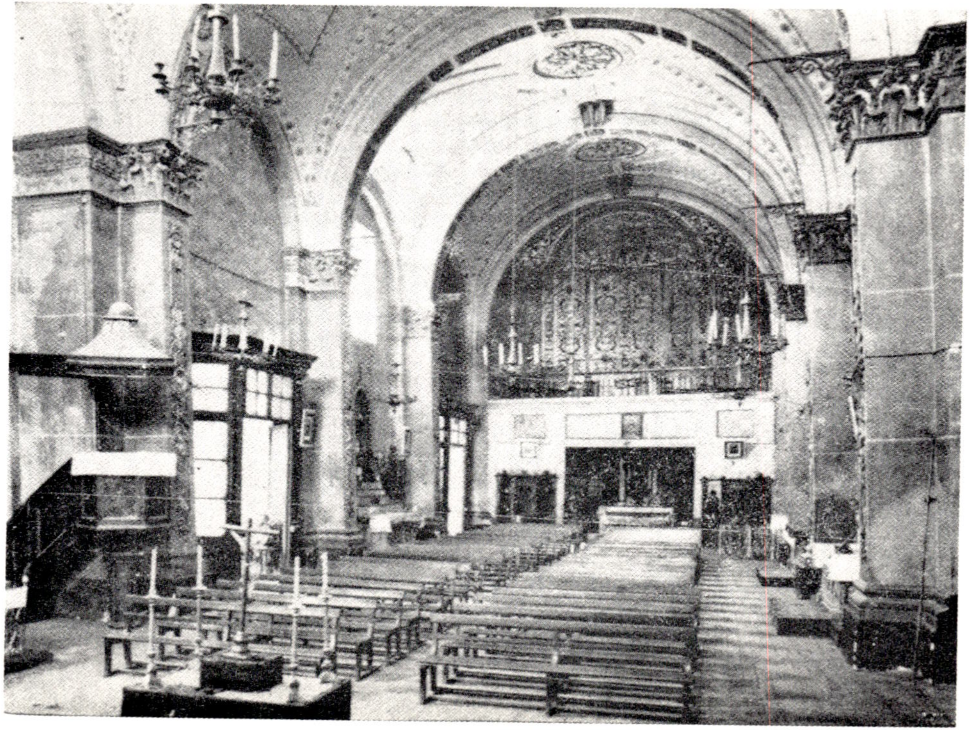

52. San Juan de la penitencia (destruido)

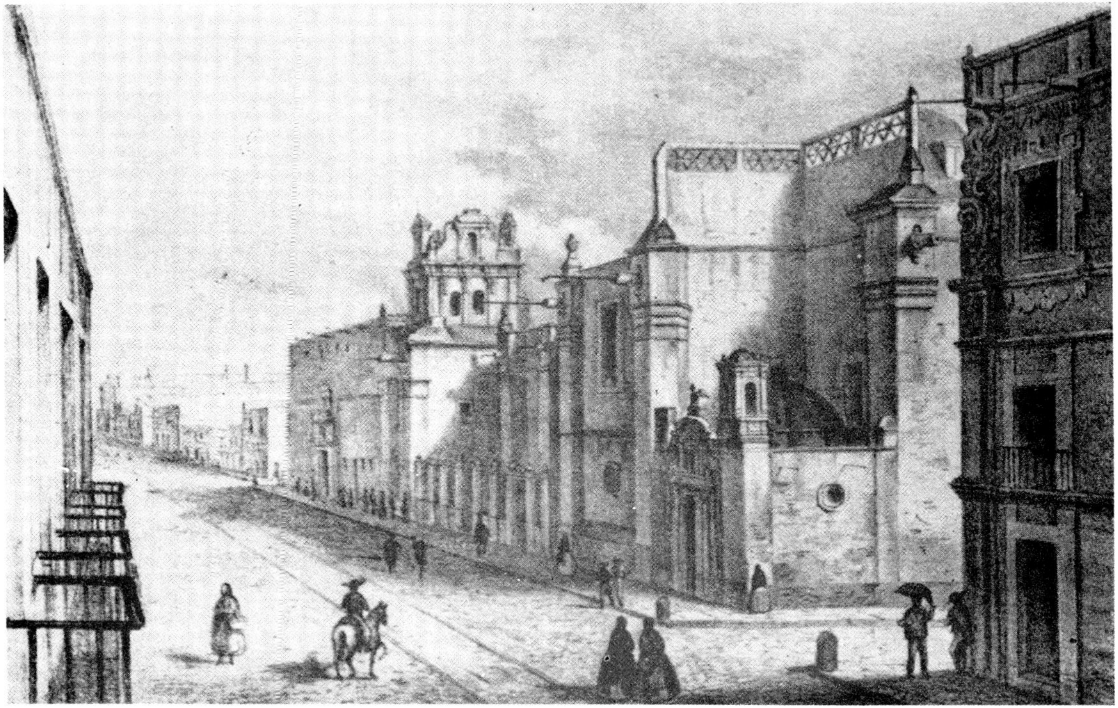

53. Santa Clara. Litografía

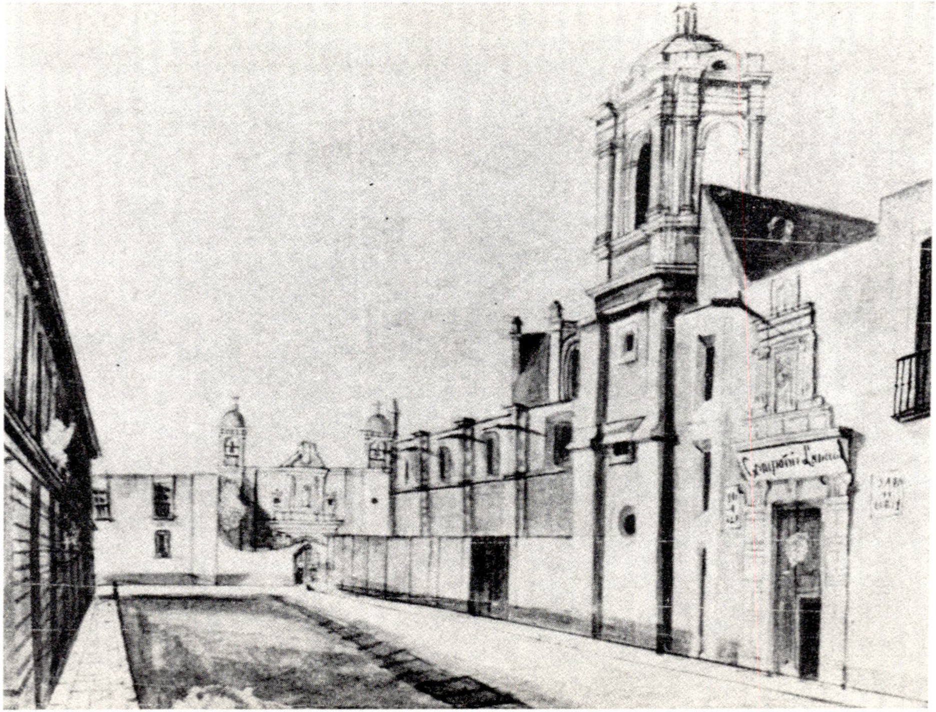

54. Betlemitas. Al fondo, San Andrés

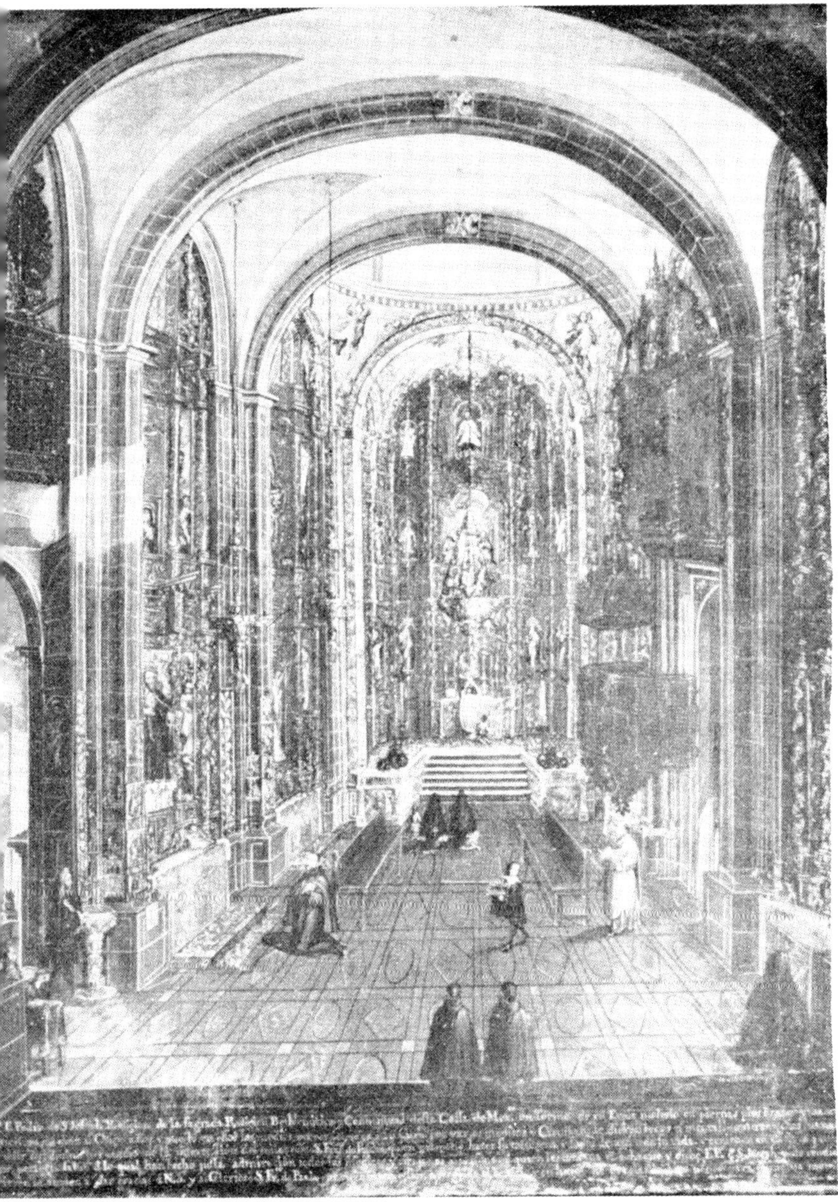

55. Betlemitas. Interior (destruido)

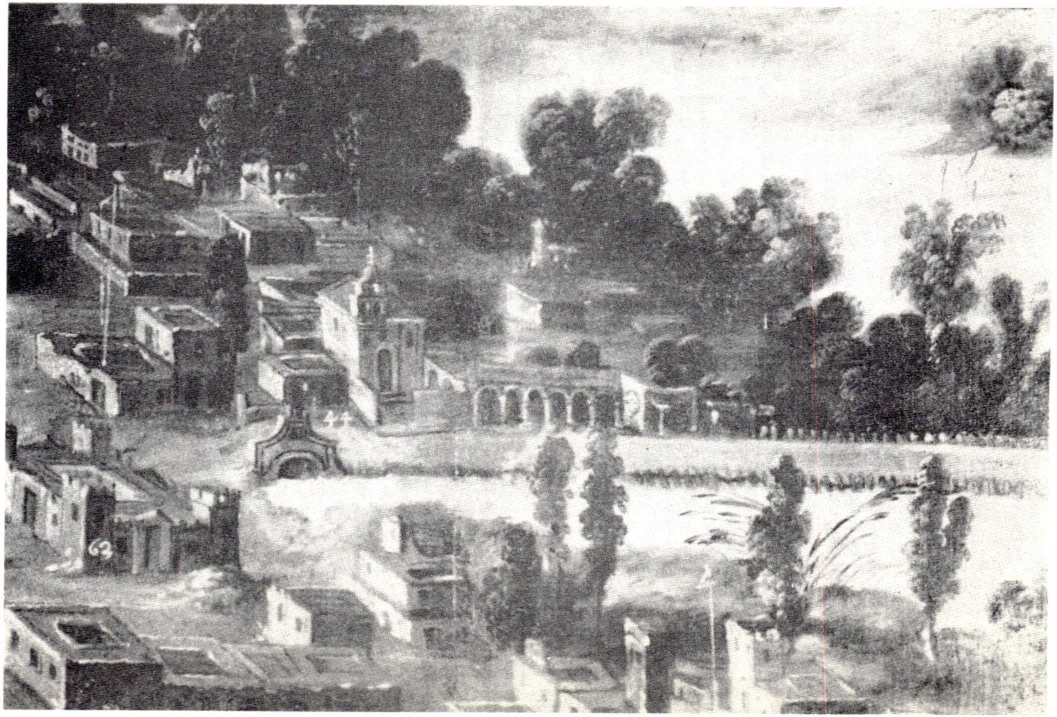

56. Plano de 1605. San Antonio Abad

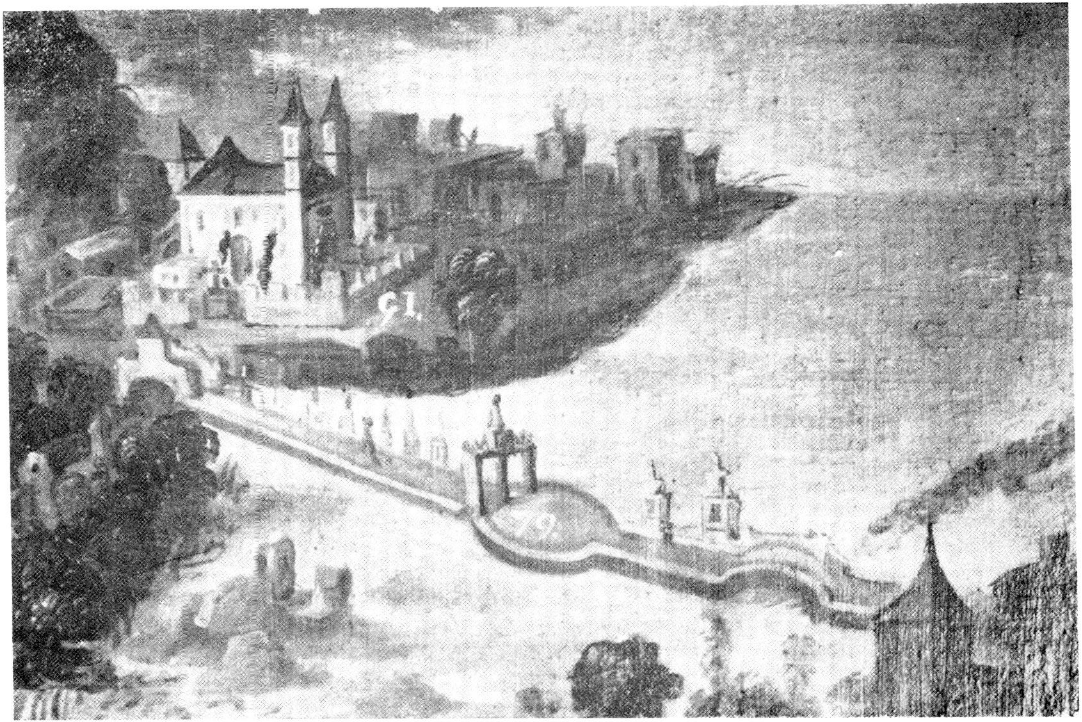

57. Plano de 1695. Calzada de los Misterios y Santuario de Guadalupe

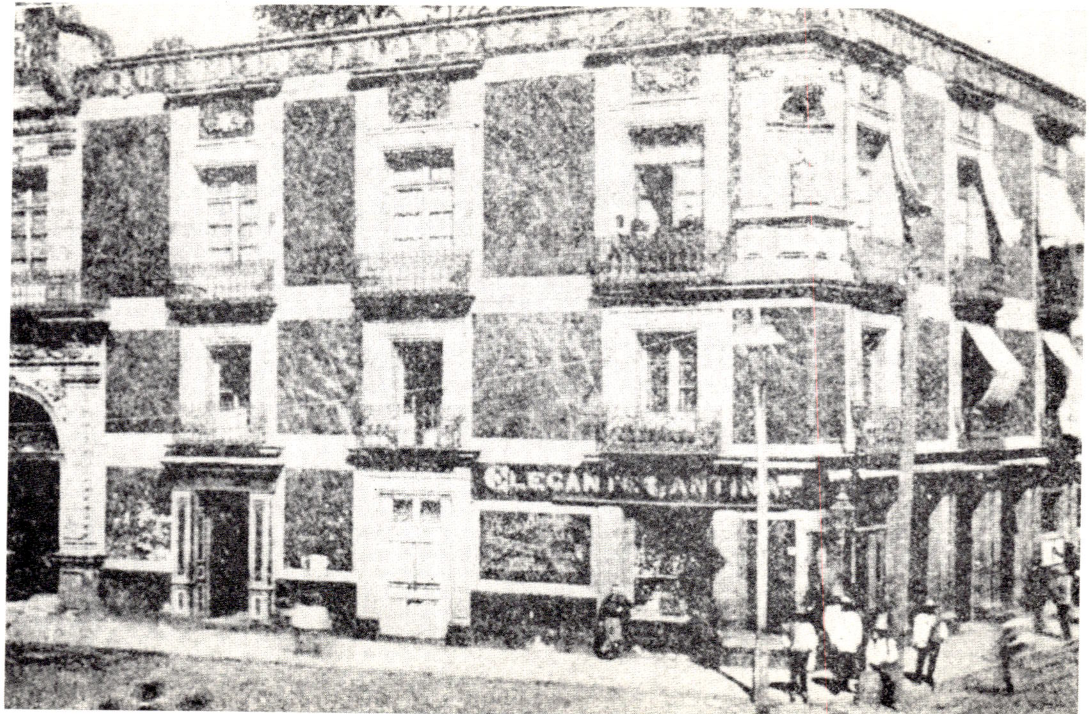

58. Antiguo Seminario (destruido)

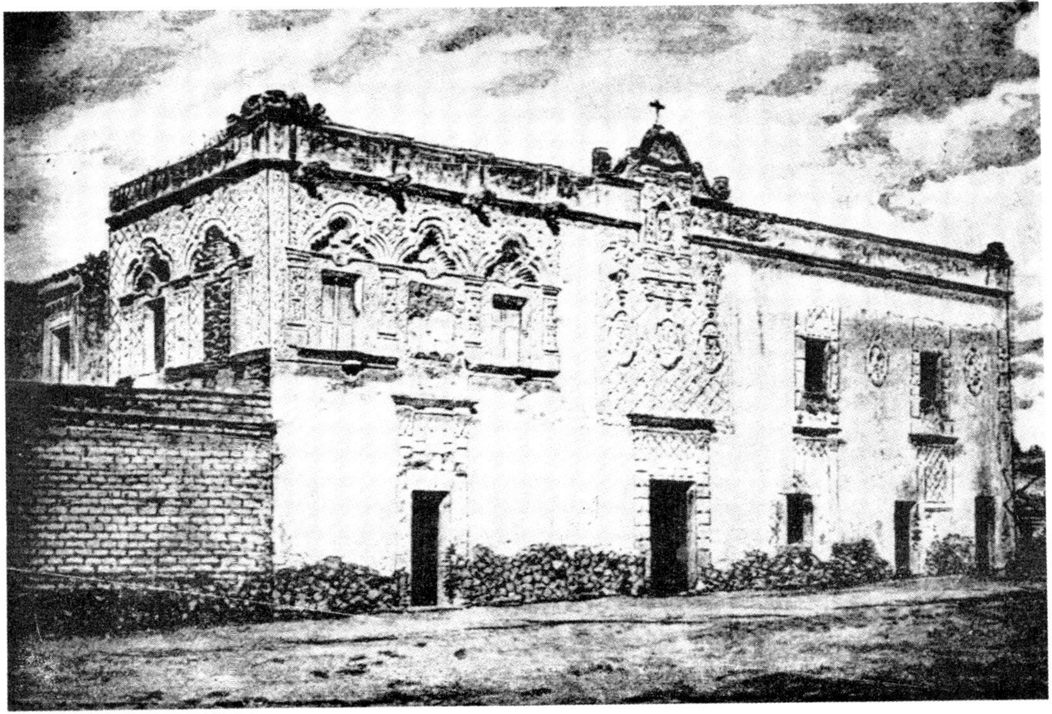

59. Casa del Judío (destruida)

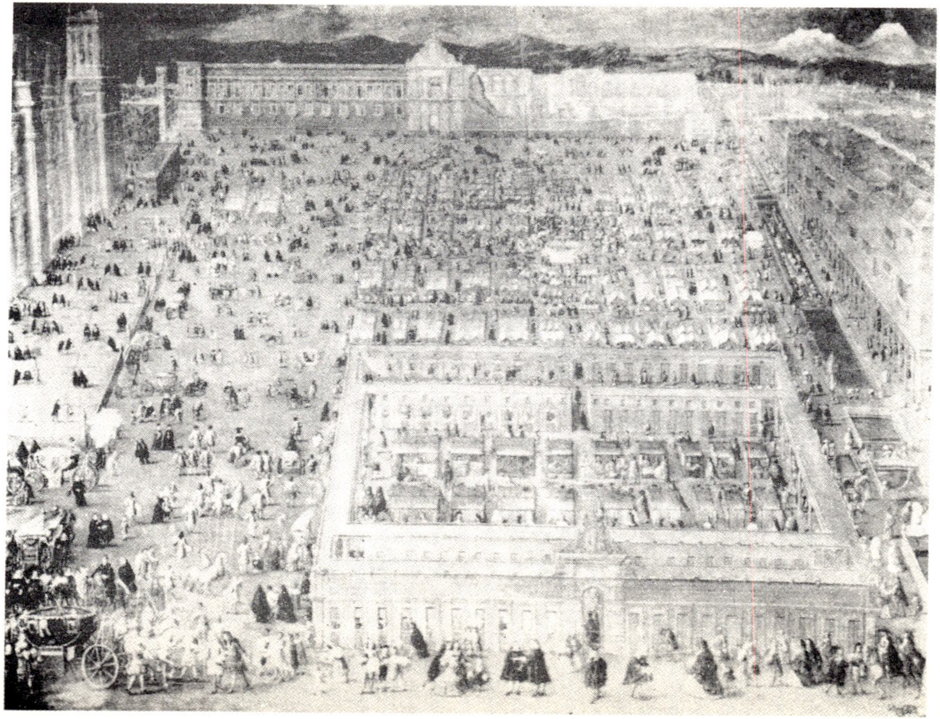

60 Plaza Mayor. Pintura de Villalpando, 1695

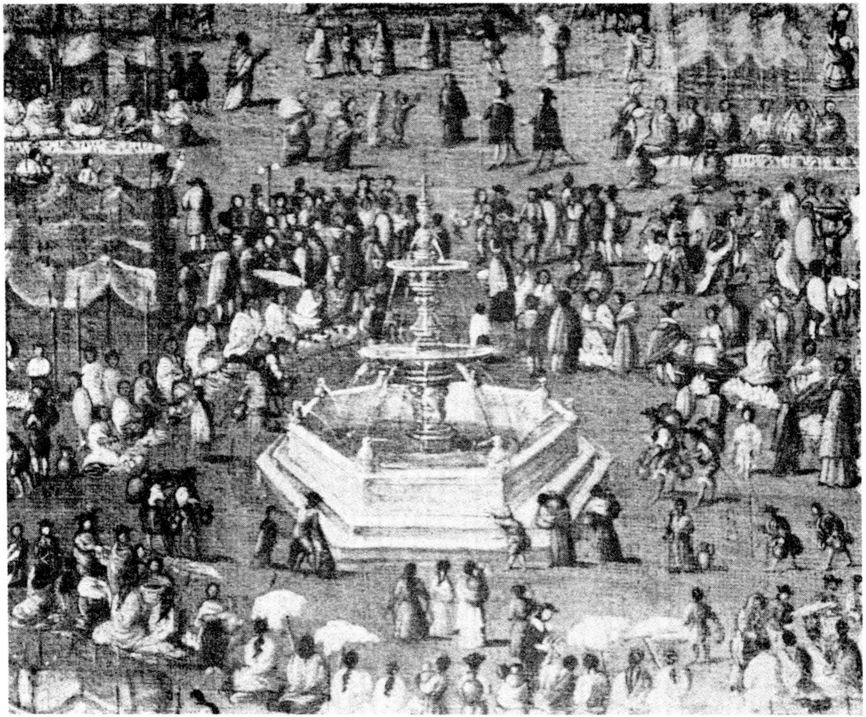

61. Id. anterior. Pila

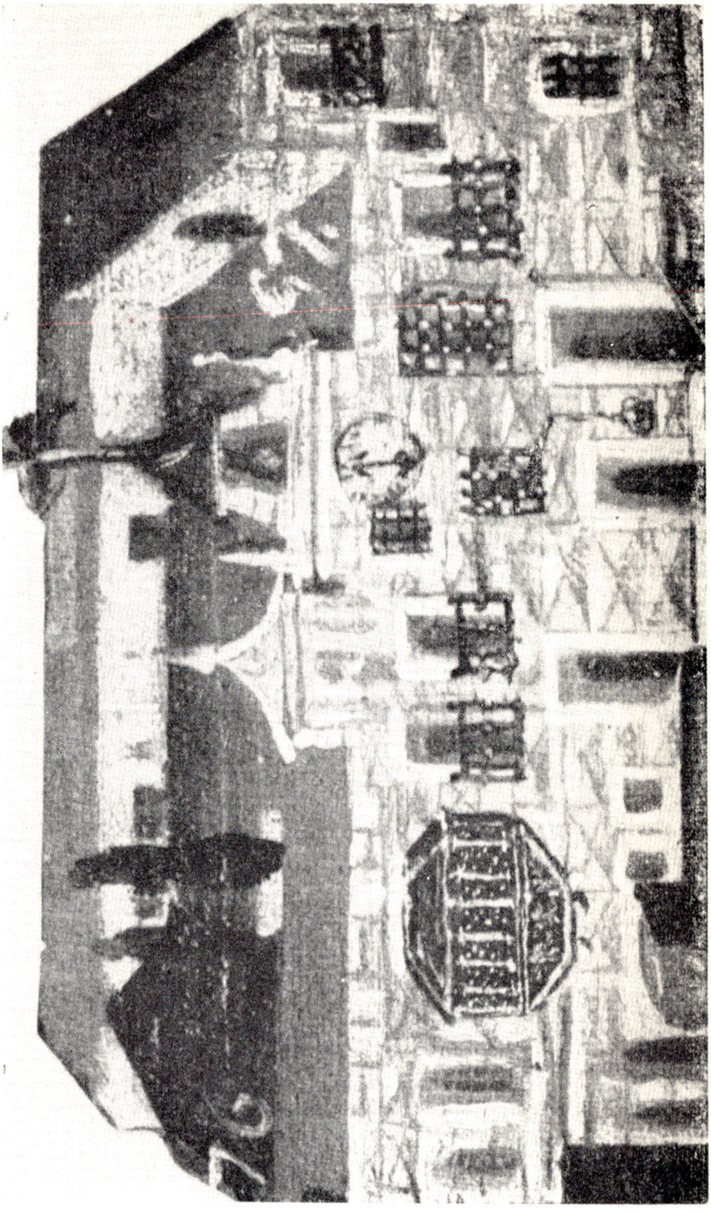

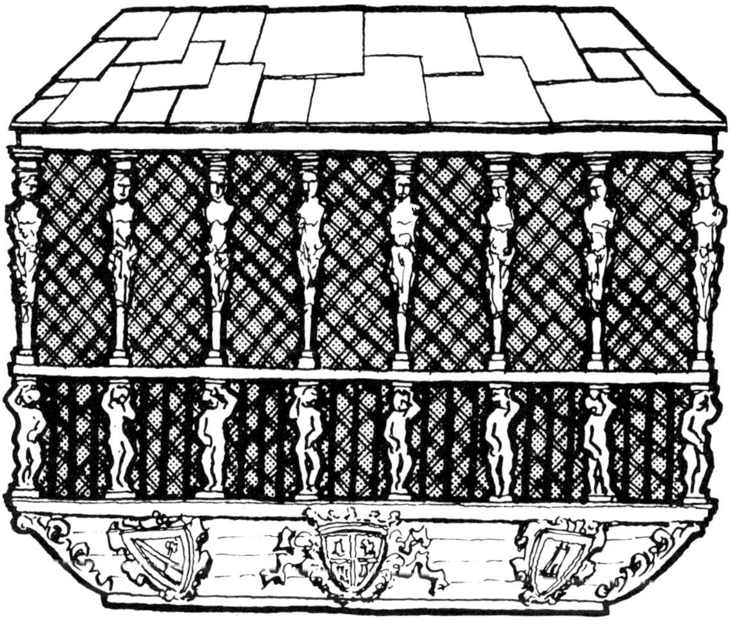

63. Id. anterior. Balcón de Palacio (dibujo de M. González Galván)

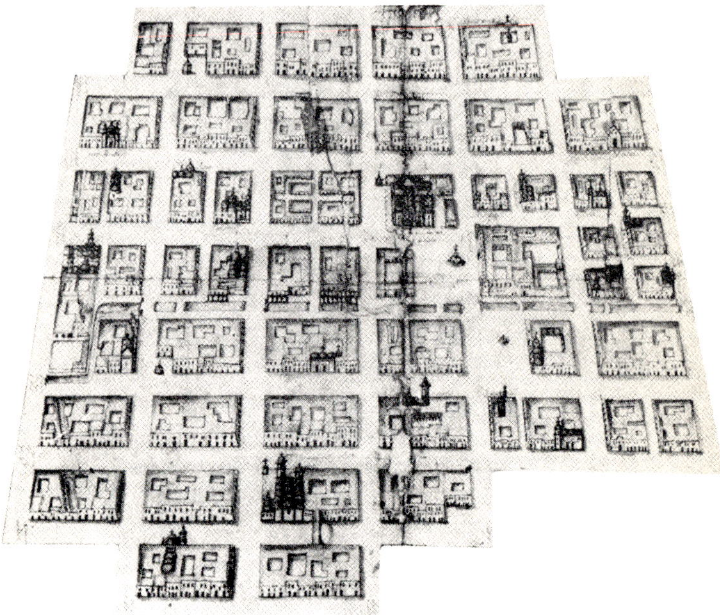

64. Plano antiguo del centro de la ciudad

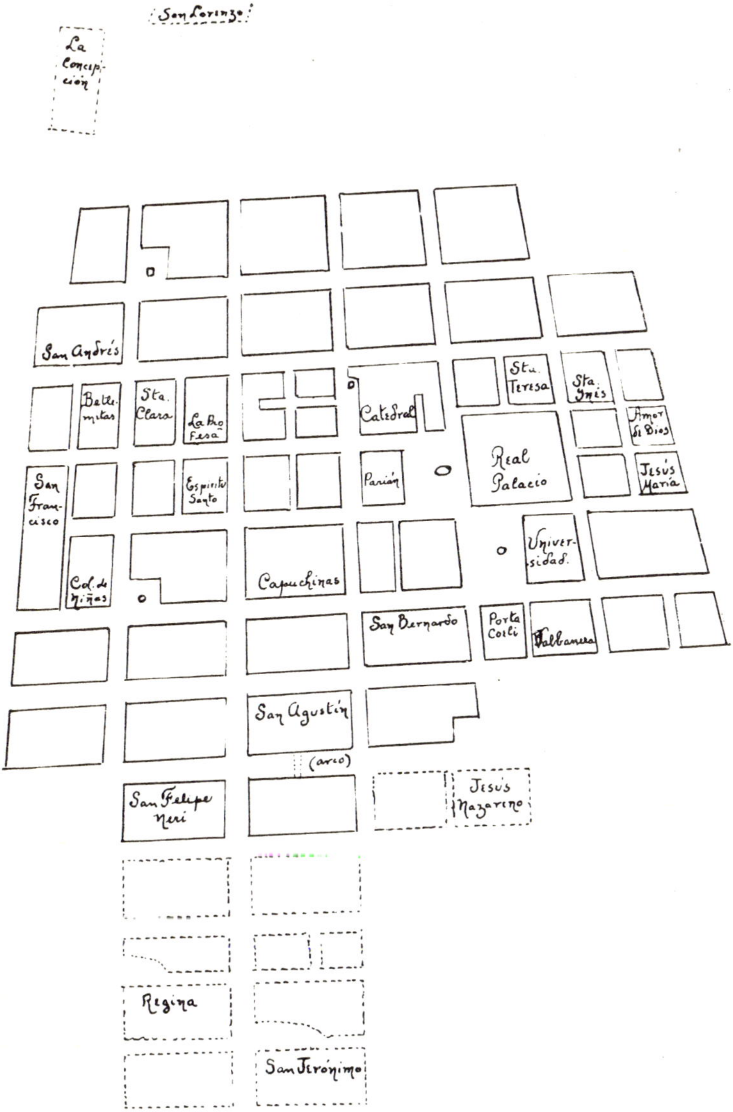

65. Id. anterior. Dibujo explicativo

ÍNDICE DE ILUSTRACIONES

ÍNDICE GENERAL

Este libro fue impreso y encuadernado en empresas del grupo Fondo de Cultura Económica. Se terminó de imprimir el 27 de junio de 1985 en los talleres de Lito Ediciones Olimpia, Sevilla 109, 03300 México, D. F. Se encuadernó en Encuadernación Progreso, Municipio Libre 188, 03300 México, D. F. El tiro fue de 50 mil ejemplares.

Diseño y fotografía de la portada: *Rafael López Castro.*